과학자가 가져야 할 덕목,
과학자 윤리와 책임

1판 3쇄 발행 2024년 3월 26일

글쓴이	서보현
그린이	박선미
편집	이용혁 이순아
디자인	문지현 오나경
펴낸이	이경민
펴낸곳	㈜동아엠앤비
출판등록	2014년 3월 28일(제25100-2014-000025호)
주소	(03972) 서울특별시 마포구 월드컵북로 22길 21, 2층
홈페이지	www.moongchibooks.com
전화	(편집) 02-392-6901 (마케팅) 02-392-6900
팩스	02-392-6902
전자우편	damnb0401@naver.com
SNS	

ISBN 979-11-6363-327-3 (74400)

※ 잘못된 책은 구입한 곳에서 바꿔 드립니다.
※ 이 책에 실린 사진은 위키피디아, 셔터스톡에서 제공받았습니다.

 도서출판 뭉치는 ㈜동아엠앤비의 어린이 출판 브랜드로, 아이들의 지식을 단단하게 만들어 주고, 아이들의 창의력과 사고력을 키워 주어 우리 자녀들이 융합형 창의 사고뭉치로 성장할 수 있도록 좋은 책을 만들겠습니다.

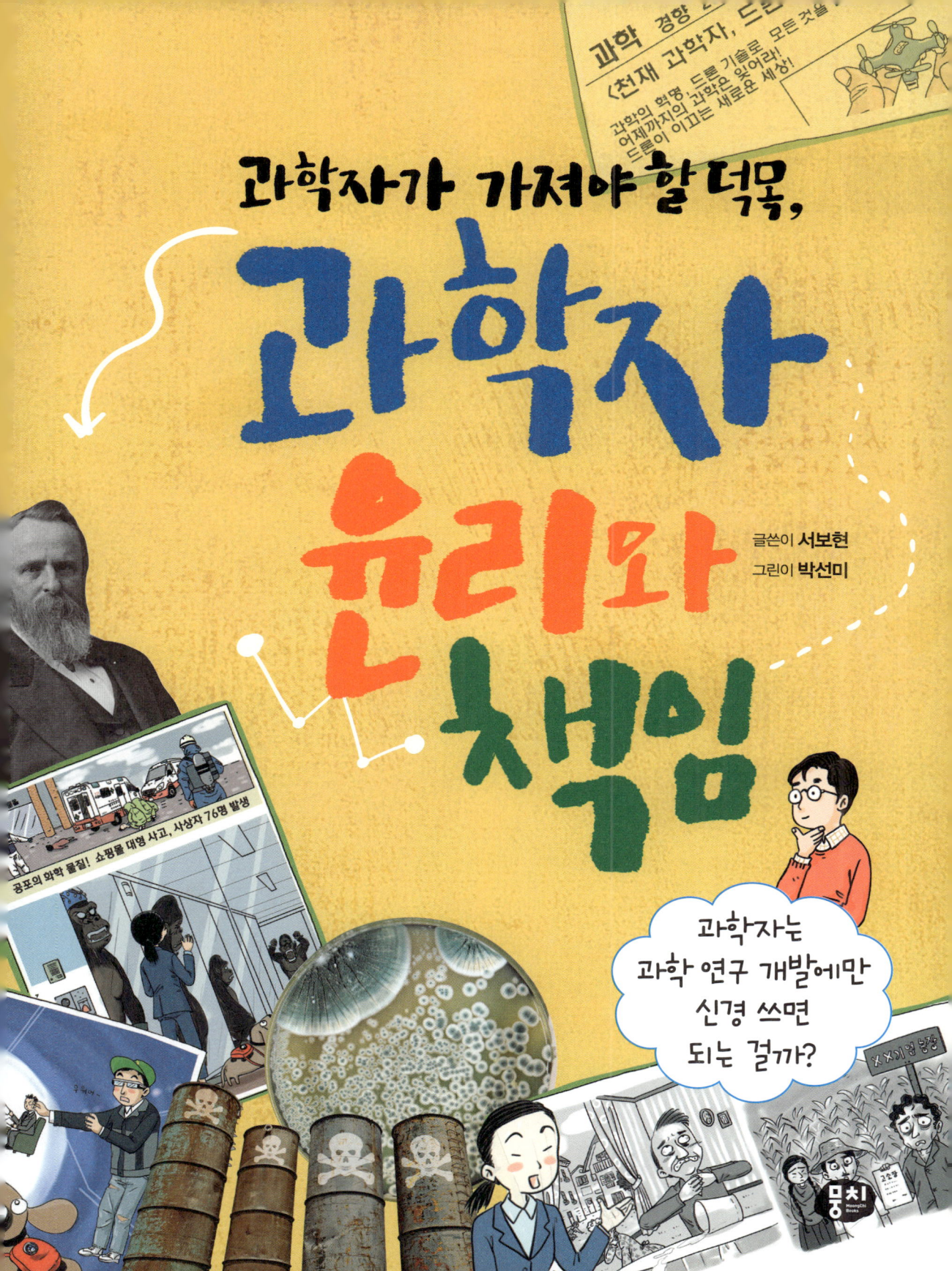

펴내는 글

과학자들은 기술 개발에만 신경 쓰면 되는 걸까?
과학자가 사회적 윤리에 책임을 지지 않으면 어떻게 될까?

선생님의 질문에 교실은 일순간 조용해지기 시작합니다. 인내심이 한계에 다다른 선생님께서 콕 집어 누군가의 이름을 부르는 순간 내가 걸리지 않았다는 안도감에 금세 평온을 되찾지요. 많은 사람 앞에서 어떻게 말을 해야 할까 고민 한 번 해 보지 않은 사람은 없을 겁니다.

사람들 앞에서 자신의 생각을 조리 있게 전달하는 기술은 국어 수업 시간에만 필요한 것이 아닙니다. 학교 교실뿐만 아니라 상급 학교 면접 자리 또는 성인이 된 후 회의에서도 자신의 의견을 분명히 표현할 수 있어야 합니다. 하지만 어디서부터 시작해야 할지 몰라 입을 떼는 일이 쉽지 않습니다. 혀끝에서 맴돌다 삼켜 버리는 일도 종종 있습니다. 얼떨결에 한마디 말을 하게 되더라도 뭔가 부족한 설명에 왠지 아쉬움이 들 때도 많습니다.

논리적 사고 과정과 순발력까지 필요로 하는 토론장에서 자신만의 목소리를 내려면 풍부한 배경지식은 기본입니다. 게다가 고학년으로 올라가서 배우는 수업과 진학 시험에서의 논술은 교과서 속의 내용만을 요구하지 않습니다. 또한 상대의 의견을 받아들이거나 비판하기 위해서도 의견의 타당성과 높은 수준의 가치 판단을 해야 하는 경우가 많은데, 자신의 입장을 분명히 하기 위해선 풍부한 자료와 논거가 필요합니다.

토론왕 시리즈는 우리 주변에서 일어나는 다양한 사건과 시사 상식 그리고 해마다 반복되는 화젯거리 등을 초등학교 수준에서 학습하고 자신의 말로 표현할 수 있도록 기획되었습니다. 체계적이고 널리 인정받은 여러 콘텐츠를 수집해 정리하였고, 전문 작가들이 학생들의 발달 상황에 맞게 스토리를 구성하였습니다. 개별적으로 만들어진 교과서에서는 접할 수 없는 구성으로 주제와 내용을 엮어 어린 독자들이 과학적 사고뿐만 아니라 문제 해결력, 비판적 사고력을 두루 경험할 수 있도록 하였습니다. 폭넓은 정보를 서로 연결 지어 설명함으로써 교과별로 조각나 있는 지식을 엮어 배경지식을 보다 탄탄하게 만들어 줍니다. 뿐만 아니라 국어를 기본으로 과학에서부터 역사, 지리, 사회, 예술에 이르기까지 상식과 사회에 대한 감각을 익히고 세상을 올바르게 바라보는 눈도 갖게 할 것입니다.

『과학자가 가져야 할 덕목, 과학자 윤리와 책임』은 과학자가 기술 개발을 하는 데 있어서 갖추어야 할 사회적 윤리와 책임 의식을 함께 다루고 있습니다. 과학자들이 어떤 마음가짐으로 연구를 하고, 과학자들의 뜻과 다르게 사용되는 기술을 같이 살펴보며 왜 과학에 윤리와 책임이 필요한지 생각해 봅시다. 또한 과학자들이 연구하면서 겪었던 고민을 함께하고 이를 해결해 보기 위해 노력한다면 더없이 소중한 시간이 될 것입니다.

편집부

 차례

펴내는 글 · 4
특수 요원 진달래, 닥터 케이를 찾다! · 8

 **1장 돌아온 닥터 케이 · 11**

돌아와요, 닥터 케이
과학기술의 양면
과학자의 할 일

> 토론왕 되기! 과학기술 때문에 환경이 오염되었다고?
> 과학기술로 환경 오염을 극복할 수 있을까?

 **2장 나쁜 과학, 좋은 과학 · 33**

특수 정보부에 온 닥터 케이
미심쩍은 사건 파일들

> 토론왕 되기! 인류 문명을 바꾼 과학기술
> 과학기술이 인류에게 가져온 문제점은 무엇일까?

 **3장 총칼을 든 과학 · 55**

테러의 시작 / 도시의 군인들
옥토퍼스의 본거지 / 비밀 연구소를 찾다
진짜 옥토퍼스는 누구?

> 토론왕 되기! 원자 폭탄을 만든 과학자들은 어떤 생각을 했을까?

뭉치 토론 만화
과학자는 어떤 책임을 져야 할까? · 79

4장 과학자의 탈을 쓴 기업 · 87

가짜 뉴스 / 쓱쓱 깨끗의 비밀

남아 있는 양심 / 옥토퍼스는 누구?

토론왕 되기!
잘못된 연구 결과로 만든 물건 때문에 사람들이 피해를 본 일이 있을까?

과학자 덕분에 기업의 잘못된 연구 결과를 바로잡은 일이 있을까?

5장 과학이 가야 할 길 · 111

눈으로 보아도 믿을 수 없는 것들

눈에는 눈, 이에는 이

닥터 케이의 선택

토론왕 되기!
과학의 윤리적 문제
과학자들이 가져야 할 윤리 의식은 뭘까?

어려운 용어를 파헤치자! · 129

과학자 윤리 관련 사이트 · 130

신나는 토론을 위한 맞춤 가이드 · 134

특수 요원 진달래, 닥터 케이를 찾다!

1장

돌아온 닥터 케이

돌아와요, 닥터 케이

"과학이 뭐라고 생각해요?"

진달래 요원은 닥터 케이가 다짜고짜 던진 질문에 입을 떡 벌렸어요.

"그게…… 생물이나 물리, 화학 같은 게 과학 아닌가요? 멋있는 흰 가운 입고 폼 나는 실험도 하고……."

진달래는 케이의 얼굴을 흘깃 보고는 이렇게 덧붙였어요.

"아, 맞다! 똑똑한 과학자들의 연구 덕분에 사람들이 편하게 살게 되었지요. 그리고 지금도 끊임없이 발전하고 있고요. 한마디로 과학은 훌륭한 것, 멋있는 것입니다!"

진달래는 생각나는 대로 대답했어요. 케이는 빙그레 웃으며 고개를 끄덕였어요.

"맞아요. 먼 옛날 불을 발견한 그 순간부터 사람들은 끊임없이 과학을 발전시켜 왔어요. 지금은 참 사소해 보이는 것들도 그 당시에는 대단한 과학적 발견이나 기술의 진보였지요. 저도 한때는 과학의 발전이야말로 인류가 앞으로도 계속 살아갈 수 있는 유일한 방법이라 생각했답니다. 하지만 과학은……."

케이는 생각보다 말이 좀 많았어요. 이야기를 듣는 동안 진달래는 학교 다닐 때가 생각나, 머리가 지끈지끈 아팠고 살짝 졸리기도 했어요.

'사건 조사 좀 부탁하려고 했더니 갑자기 과학의 역사를 늘어놓다니. 진달래, 특수 정보부 요원답게 곧바로 핵심으로 치고 들어가는 거야.'

"그래서 제 사건을 도와주실 수 있다는 거지요?"

"그런 말은……."

"제가 부탁하려는 사건들이 사소하다는 건 알아요. 반려견들이 갑자기 웃었다던지, 물을 마시고 배탈 난 사람들의 수가 급증했는데 며칠 후 그 사람들의 배가 홀쭉해진 것, 컴퓨터 게임의 계정이 사라졌다 갑자기 아이템이 잔뜩 추가되어 복구된 것 등등이에요. 하지만 전 이 사건들에 뭔가 있다고 믿어요. 이래 봬도 제가 정말 감이 좋거든요. 물론 과학에는 좀 약하지만요."

"진달래 요원님, 제가 뭐 하던 사람인 줄은 아시는 거죠?"

"그럼요. 세계를 놀라게 한 천재 과학자, 20대에 첨단 과학기술로 회사를 설립해 히트 상품을 연달아 생산, 전 세계를 쥐락펴락하신 분 아닙니까? 지금도 박사님 회사가 세계 1, 2위를 다투고 있고요. 역시 대단하십니다!"

진달래는 양손의 엄지손가락을 치켜 올렸어요.

"그런데 왜 저는 사람들을 피해 숨어 있을까요?"

진달래는 말문이 턱 막혔어요.

"그건…… 혼자가 좋아서? 아니면 멋있어 보이려고?"

진달래는 대답해 놓고 곧바로 후회했어요. 그래서 주먹으로 혼자 머리를 쥐어박았지요. 그 모습을 본 인공 지능 강아지 제트는 웃음을 참느라 꼬리로 얼굴을 가렸고, 케이 역시 씩 웃다가 낮은 목소리로 말했어요.

"저는 제가 연구하는 과학이 무서워요."

"과학자가 과학을 무서워한다고요? 그게 무슨 소리죠?"

진달래는 저도 모르게 큰 소리로 되물었어요.

과학기술의 양면

케이는 느릿느릿 책장으로 가서 사진첩 하나를 꺼내 왔어요. 어린아이부터 나이 든 할머니 할아버지까지, 수십 명의 사진이 있었고 심지어 외국인도 몇 명 있었어요.

"음, 가족사진은 아닌 거 같고, 어떤 분들이에요?"

케이는 진달래의 물음에 대답하지 않고 한참이나 창밖을 바라보았어요. 한 10분쯤 지났을까, 케이가 작은 목소리로 말했어요.

"나 때문에 죽거나 다친 사람들이에요."

"박사님이 이 사람들을 죽였다고요?"

케이는 담담한 얼굴로 고개를 끄덕였어요.

"그래요, 내가 연구한 과학기술 때문에 이 모든 사람들이 피해를 입고 말았어요."

어떤 상황에서도 당황하는 법이 없는 진달래도 이번에는 말을 잇지 못했어요. 케이는 그런 진달래를 보며 슬프게 웃었지요.

"과학 연구를 하다 보면 실패하거나 헛수고가 되는 경우가 많아요. 똑같은 실험을 수백 번, 수천 번 할 때도 있고요. 그래도 힘들다고 생각하지 않았어요. 내가 연구한 것들이 사람들에게 큰 도움이 될 거라고 믿었으니까요."

"맞아요! 사람들이 닥터 케이한테 얼마나 큰 도움을 받았는데요."

"그런데 과학의 발전과 기술이 세상에서는, 제 생각하고 많이 다른 모습으로 쓰이더라고요."

"그럼 혹시 본인의 생각하고 다르게, 그러니까 박사님의 연구 결과가 나쁘게 쓰인 적이 있었나요?"

케이는 고개를 끄덕이며 손목시계 옆의 버튼을 눌렀어요. 그러자 옛날 신문들의 영상이 벽에 나타났답니다.

사실은 옆에서 꼬리를 흔들고 있던 인공 지능 제트가 한 것이지만 '감이 좋다는' 진달래는 전혀 눈치채지 못했어요. 신문에는 커다란 기사 제목이 줄줄이 인쇄되어 있었어요.

진달래는 몇 년 전 이 기사를 읽었던 기억이 났어요. 케이의 연구는 장난감 수준이었던 드론 기술을 엄청나게 발전시킨 거였어요. GPS(지피에스. 인공위성을 이용하여 자신의 위치를 정확히 알아낼 수 있는 시스템)를 이용해서 드론을 좀 더 정밀하게 운전할 수 있게 되었고, 여러 대의 드론이 함께 작동할 수 있게 하는 등 이전에는 생각도 못한 기술을 개발했지요. 게다가 초소형이라 눈여겨보지 않으면 드론인지 알 수도 없었지요.

기사 끝에는 케이의 인터뷰가 짧게 실려 있었어요.

"혹시 이 드론 기술로 누군가 사람을 해쳤나요?"

'이 드론으로 세상이 더 좋아졌으면 합니다. 험한 산에서 발생한 불을 끄는 것, 수백 미터 지하나 수백 미터 상공의 공사 현장을 점검하는 것, 오지에서 길을 잃은 사람들을 돕는 것 등등 말입니다. 작은 드론이지만 커다란 세상을 만드는 데 기여하고 싶습니다.'

케이는 말없이 고개를 끄덕거리며 앨범의 다음 장을 넘겼어요. 이번 기사는 쇼핑몰에서 화학 물질이 새어 나와 많은 사람들이 다쳤다는 내용이었어요. 진달래가 소리를 지르려다 입을 막았어요. 이 사건이라면 정보부에서 교육을 받은 적이 있었어요. 사람들이 충격을 받을까 봐 기사에는 드론이라는 단어가 한 줄도 나오지 않았지만, 진달래는 숨겨진 사건의 내막을 잘 알고 있었지요.

진달래의 과학자 윤리

드론의 이용

드론은 사람이 타지 않고 외부에서 조종할 수 있는 무인 항공기예요. 무선 전파를 이용해 움직일 수 있는데 카메라나 센서, 통신 시스템 등 필요한 장치를 달아 다양하게 이용할 수 있지요.

주로 군사용으로 쓰이던 드론은 미사일이나 공군기의 폭격 연습용으로 등장했다가 나중에는 정찰이나 감시를 하는 목적으로 활용되기 시작했어요. 그러다 드론이 사람들에게 널리 알려지면서 요즘에는 위험한 장소를 촬영하거나, 공기질을 측정하는 등 온갖 분야에 쓰이고 있답니다. 최근에는 물건을 배달하는 용도로 택배 서비스 대신 드론을 활용하려는 회사들도 많아졌어요.

문제는 드론이 공격용 무기로도 쓰일 수 있다는 점이에요. 특히 테러리스트들이 드론을 이용할 경우, 대처하기가 매우 힘들기 때문에 드론과 관련된 법률이나 제한 규정을 만들고 있답니다.

공포의 화학 물질! 쇼핑몰 대형 사고, 사상자 76명 발생

진달래는 그제야 케이가 어떤 사람들의 사진을 가지고 있는지 알아챘어요. 바로 그때 다치거나 죽었던 사람들 사진이었던 거예요. 진달래는 한동안 아무 말도 못 하다가 가까스로 입을 열었어요.

"몇 년 전 한 지하 조직이 정부를 협박한 일이 있었어요. 정부가 체포한 자신들의 우두머리를 풀어 주지 않으면 사람들을 죽이겠다고 했죠. 정부는 지하 조직과는 협상하지 않는다며 요구를 들어주지 않았어요. 그러자 그 지하 조직은 거대한 쇼핑몰에 드론을 이용해 치명적인 화학 물질을 살포했어요. 그때 정말 많은 사람들이 다쳤는데……. 이 사건이 박사님과 관련이 있었다니 상상도 못 했어요."

케이가 씁쓸한 얼굴로 말했어요.

"발표는 되지 않았지만…… 그때 쓰인 게 바로 제 드론이에요."

"박사님, 자책하실 필요 없어요. 그건 그 기술을 그 따위로 이용한 놈들의 잘못이에요. 그런데 왜 박사님이 괴로워하는 거죠? 처음에 연구를 하고 기술 개발을 할 때에는 분명 사람들에게 도움이 되려고 한 거였잖아요?"

"과학자가 기술을 개발할 때에는 그 기술이 어떻게 쓰일지에 대해 책임감을 가져야 해요. 혹시라도 사람들을 해칠 가능성이 있을 때에는 그걸 어떻게 막을지에 대해서도 함께 생각해야 하고요. 하지만 저는 그 점은 생각하지 못했답니다."

"아니, 저는 머리가 나빠서 그런지 박사님 말씀이 조금 비현실적인 것 같아요. 사람이 나쁜 마음을 먹으면 한도 끝도 없어요. 나쁜 쪽으로만 생각이 트인 놈들은 우리가 상상도 못할 일을 막 해 버린단 말이에요. 우리가 신도 아니고 그걸 다 어떻게 미리미리 알아냅니까?"

케이는 커다란 창문 쪽으로 가서 앞에 보이는 높은 산과 무성한 나무들을 가리켰어요.

"저렇게 멋진 자연이 이제 얼마 남아 있지 않지요? 왜 그런가요? 우리가 과학기술을 발전시킨답시고 자꾸 들쑤셔 대는 바람에 자연은 몸살을 앓았지요. 결국 환경 오염으로 자연은 망가져 버렸어요."

"아니, 그것도……."

"지구 종말 시계라고 아시나요? 제가 그 시계를 자꾸 앞당기는 듯한 느낌입니다. 그런데 어떻게 연구를 계속하겠어요? 그냥 여기 가만히 있는 게 모두에게 도움이 될 거예요."

"박사님 말씀은 알겠어요. 하지만 조금 냉정하게 생각해 보세요. 지금까지 이루어 온 과학과 기술의 발전이 다 헛일이었다, 이 말씀을 하시는 거예요?"

지구 종말 시계

핵전쟁의 위기를 상징적으로 알려 주는 시계로, '운명의 날 시계'라고도 불려요. 핵전쟁이 터져 인류가 멸망하는 시점을 밤 12시, 즉 자정으로 잡고 그 시간에 얼마나 가까워졌는지를 보여 주지요. 1947년, 미국 한 대학의 핵물리학자회 과학자들이 만들어 발행하는 잡지에 처음으로 등장했어요. 전 세계 어느 특정한 나라에서 핵실험을 하거나 핵무기를 만들 때마다 시계는 자정에 가까워지고, 여러 나라들이 힘을 합쳐 함께 핵무기를 없앨 때마다 시계는 거꾸로 돌아요. 2007년, 새로운 위협 요인으로 지구 온난화와 기후 변화가 포함되었어요. 지구의 평균 온도가 올라갈 때마다 시계가 자정에 가까워지고, 기후 변화를 막기 위한 정책이 발표될 때마다 시계가 거꾸로 가요. 2020년에 들어와 11시 58분 20초로 조정이 되었는데, 이것은 이 시계가 생긴 이후 자정에 가장 근접한 시간이랍니다.

지구 종말 시계 (분침 기준)
- **1949년** 소련(구 러시아) 첫 핵실험
- **1953년** 미국 수소 폭탄 실험
- **1984년** 미소 냉전
- **2015년** 기후 변화와 핵 문제
- **2018년** 북핵 위기
(1947년 이후)

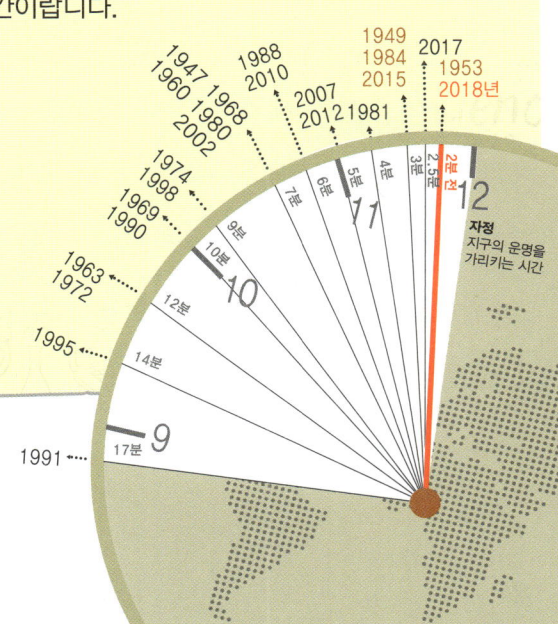

케이는 싱긋 웃으며 대답했지요.

"그런 건 아니에요. 저도 과학의 성과를 다 부정하는 건 아닙니다. 하지만 이미 발전한 과학과 기술만으로도 사람들에겐 충분한 것 같아요. 대부분의 사람들은 당장 편하고 쉬운 것에만 익숙해져서 과학기술이 어떤 부작용을 가져오는지 생각하지 않으니까요."

진달래는 한숨을 푹 내쉬었어요. 이러다간 도저히 케이에게 사건을 맡길 수가 없을 것 같았거든요. 사건도 사건이지만 처음부터 끝까지 비관적인 케이를 상대하는 것도 진달래에게는 참 피곤한 일이었어요. 하지만 진달래가 누군가요? 포기하지 않는 요원 아니겠어요?

과학자의 할 일

"박사님이 그렇게까지 말씀하시니 저도 더 드릴 말씀이 없네요. 알겠어요. 어떻게든 제가 해결해 볼게요. 무식한 제가 사건을 해결하다가 다치는 한이 있더라도…… 혹시 목숨을 잃을지 몰라도…… 끝까지…… 그건 박사님 때문은 아니니까 자책하지는 마세요."

"죄송합니다. 저도 잘되기를 바랍니다."

진달래는 당황했어요. 자기가 다치거나 죽는다는 말을 했는데도 케이는 꿈쩍도 안 했어요.

"아이, 어떻게든 해결할 수 있으면 제가 여기에 왜 왔겠어요? 제가 무릎을 꿇을까요? 절을 할까요? 아, 좀 도와주세요. 네?"

진달래가 무릎을 꿇자 케이는 깜짝 놀랐어요. 절을 하려는 진달래를 간신히 말린 케이는 몹시 미안한 표정을 지으며 말했어요.

"지금 말씀하신 것 말고도 이상한 사건이 많은가요?"

"그럼요. 제가 말한 건 그저 일부예요. 무슨 생각인지 부장님은 꼭 과학적으로 해결이 필요한 문제만 쏙쏙 골라 저한테 맡기셔서……. 과학을 싫어한다고 분명히 말했는데도 말이에요. 그래도 시킨 일을 해야죠, 전 요원이니까."

"책임감이 대단하시군요."

"책임감 하면 또 저 진달래 요원이지요. 일을 벌이는 놈들의 과학기술의 수준과 내용을 잘 몰라서 자다가도 잠이 확 깰 정도이긴 하지만, 무서운 일이 일어날 예감에 몸이 부르르 떨려도 뭐 어쩌겠어요, 머리가 안 되면 몸이라도 써야죠. 그래서 여기까지 찾아온 거라고요."

"명색이 정보부 요원인데 머리가 아닌 몸으로요?"

"보통은 머리를 쓰지만 머리가 안 되면 몸으로 해결하고 그런 거죠, 뭐. 사실 전 머리보다 몸을 더 자주 써요."

진달래는 고개를 숙이고 준비했던 안약을 몰래 눈에 넣었어요. 진달래의 눈에서 가짜 눈물이 똑 떨어지는 것을 보고 케이는 안절부절못하기 시작했어요. 케이는 무슨 말인가를 하려다가 말고 고개를 젓더니 종이에 전화번호와 이메일 주소를 적어 진달래에게 건넸지요.

"제가 정한 원칙이 있어 일을 도울 수는 없습니다. 하지만 혹시라도 궁금한 게 있으면 저한테 언제든지 물어보세요."

세상에, 종이에 연락처를 적어 주다니. 이 사람 정말 천재 과학자 맞나요? 뭔가 영화처럼 신기한 장치를 건네거나, 그게 아니면 적어도 휴대 전화로 문자를 찍어 보내 줘야 하는 거 아닌가요?

"이 전화번호는 진짜 아무한테나 안 주는 건데……."

케이가 덧붙이는 말에 진달래는 자존심이 팍팍 상했어요. 이번에는 진달래의 눈에서 진짜 눈물이 똑똑 떨어졌어요.

"제 말을 하나도 못 알아들으셨네요. 저는 질문하면 대답해 주는 선생님을 원하는 게 아니에요. 제가 원하는 건 우리 모두에게 조만간 위협이 될 문제를 함께 해결해 줄 사람이라고요. 에이, 신경 쓰지 마세요. 제 감은 쓰레기통에나 버리지요, 뭐. 아마 별일 없을 거예요. 그러니 그냥 여기서 아픈 마음을 쓰다듬으며 옛날 일이나 생각하시고 저 아래 세상에는 신경 쓰지 마세요."

"저기, 잠깐만……."

진달래는 케이의 말은 듣지도 않고 문을 확 열고 나가 버렸어요. 뒤

쫓아 가던 케이는 하마터면 문에 부딪힐 뻔했지요. 케이는 이마를 쓰다듬으며 중얼거렸어요.

"성격이 보통이 아니군."

그러자 그때까지 가만히 있던 인공 지능 제트가 말했어요.

"그렇지요? 박사님 동생과 참 닮았지요? 사실 전 진달래가 처음 들어왔을 때 깜짝 놀랐어요. 용모도 비슷하고 성격도 비슷하고, 이게 과연 우연의 일치일까요?"

"그만, 동생 이야기는 그만!"

케이는 눈을 꼭 감고 고개를 세게 저었어요.

"제트, 정말로 내가 도와야 한다고 생각하나?"

"선택은 박사님이 하셔야죠. 저야 박사님이 만든 인공 지능일 뿐이니까요. 그래도 제 의견이 궁금하다면 아까 그 사건들, 분명 뭔가 있어요. 그리고……."

"그리고 뭐? 빨리 말해!"

"이번 일로 동생을 잃은 슬픔에서 벗어나셨으면 좋겠어요. 저도 이제 다른 개들 좀 만나서 사회생활을 하고 싶다고요!"

케이는 한숨을 쉬었어요. 사실 쇼핑몰에서 세상을 떠난 사람 중엔 케이의 동생 에프도 있었어요. 그랬기에 케이의 충격이 더 컸던 것이지요. 케이는 한참 망설이다가 진달래에게 전화를 걸었어요.

"진달래 요원을 돕겠습니다. 그렇지만 조건이 하나…….."

"정말요?"

전화기 너머로 진달래가 소리를 질렀어요. 어찌나 목청이 큰지 고막이 터질 뻔했지요.

"그런데 조건이라고요? 혹시 돈? 걱정 마세요, 수고비는 최대한 많이 드릴게요. 모자라면 제 월급을 털어서라도…….."

"돈이라면 충분히 있습니다."

"그럼?"

"제가 함께 일한다는 것을 비밀로 해 주십시오. 괜히 세상을 시끄럽게 만들고 싶지는 않습니다."

"흠, 우리 부장님한테는 말해도 되겠지요? 큰 건이라 자랑하고 싶어요. 항상 저를 무시…….."

"안 됩니다."

"아쉽지만 알겠어요. 그런데 걱정이 있네요. 비밀로 하려 해도 사람들이 알아볼 텐데요. 워낙 유명한 분이시잖아요?"

"모자와 안경을 쓰면 대학생처럼 보일 겁니다."

"대학생은 좀……."

"제 조건 수락하시겠습니까?"

"그럼요! 빨리 오세요. 붉은 카펫 깔아 놓고 기다릴게요."

"알리지 말라니까요!"

과학기술 때문에 환경이 오염되었다고?

과학기술은 사람들의 편리함을 위해 발전되는 경우가 많아요. 문제는 기술을 처음 발전시킬 때는 생각지도 않았던 환경 오염 요소가 드러나는 경우예요. 석탄이나 석유 같은 화석 자원을 이용해서 여러 기관을 만들어 쓰게 되었을 때는, 이것을 태웠을 때 지구에 어떤 영향을 주게 될지 몰랐어요.

그런데 결과적으로 이런 화석 연료가 탈 때 나오는 탄소 때문에 지구 온난화가 진행되었지요. 원자력 발전도 마찬가지예요. 처음에는 엄청난 에너지를 쉽게 얻을 수 있어 싼값에 전기를 공급할 수 있다고 좋아했지만, 이후에 나오는 핵폐기물이나 원자로에서 나오는 방사능 등은 지금도 해결되지 않는 문제예요. 에어컨에 쓰였던 프레온 가스는 지구 오존층에 구멍을 뚫었고, 흔히 쓰이는 배터리 안의 수은 성분 역시 환경을 오염시키고 있지요. 플라스틱도 처음에는 싼값에 쉽게 만들 수 있어 다들 좋아했지만, 지금은 환경 문제에서 빠지지 않는 원인으로 지적받고 있어요.

과학기술로 환경 오염을 극복할 수 있을까?

최근에 각광받는 새로운 과학기술이 있어요. 바로 직접적인 환경 오염을 막거나, 환경 오염이 된 생태계를 좀 더 빨리 복원시키는 과학기술이지요.

최근에 손꼽히는 '환경 재앙'으로 유조선 사고가 있어요. 기름 유출을 막기 위해 배를 개량하는 기술도 꾸준히 발전해 왔지만, 일단 사고가 나면 완벽한 수습은 사실상 불가능해요. 그런데 최근에는 생물학적 복원 방식이라고 해서, 2차 오염 물질이 거의 나오지 않는 미생물 등을 이용해 바다로 새어 나온 기름을 빠르게 없애는 기술이 개발되었어요. 이런 분야의 기술을 환경 바이오 기술이라고 한답니다.

또한 미세 먼지 등의 환경 오염을 막기 위한 여러 가지 기계 장치를 개발하거나, 기후 변화로 인해 나타나는 여러 자연 재해의 피해를 줄이고 좀 더 빠르게 생태계를 회복시키는 과학기술도 개발되고 있지요.

문제는 이런 과학기술들이 아직 초기 단계라 이용하려면 비용이 비싸다는 거예요. 따라서 기업에서는 비용이 더 들더라도 환경에 해를 덜 끼치는 재료와 기술을 사용하고, 사람들은 환경을 위해 불편함을 무릅쓰고 돈이 더 드는 것을 감수해야 해요.

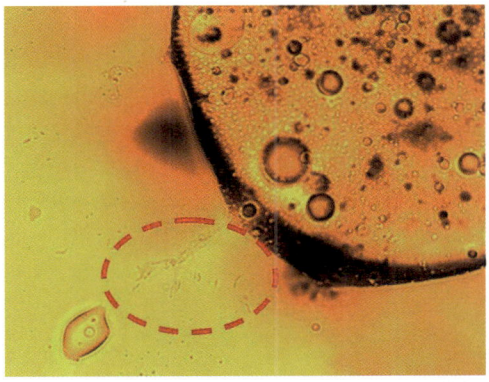

멕시코만에서 새로 발견된 기름 분해 미생물
ⓒ연합뉴스

YES or NO!

진달래가 닥터 케이에게 가려고 해요. 그런데 갈림길마다 글이 쓰여 있어요. 과학기술과 환경 오염의 관계에 대해 쓴 글을 잘 살펴보고 맞으면 YES, 틀리면 NO로 가세요.

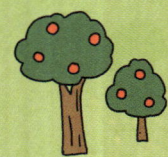

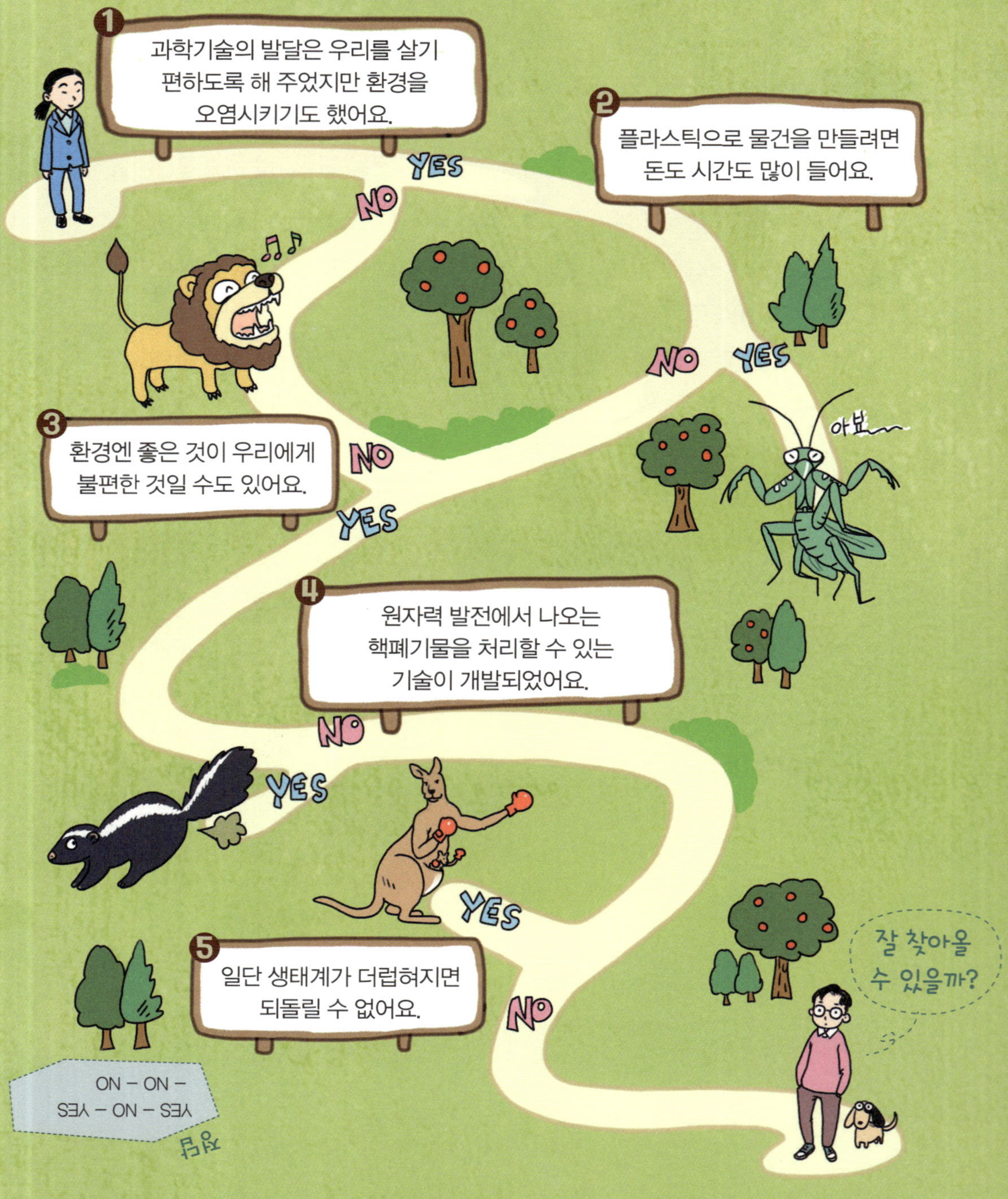
1 과학기술의 발달은 우리를 살기 편하도록 해 주었지만 환경을 오염시키기도 했어요.
2 플라스틱으로 물건을 만들려면 돈도 시간도 많이 들어요.
3 환경엔 좋은 것이 우리에게 불편한 것일 수도 있어요.
4 원자력 발전에서 나오는 핵폐기물을 처리할 수 있는 기술이 개발되었어요.
5 일단 생태계가 더럽혀지면 되돌릴 수 없어요.
YES
NO
아뵤~
잘 찾아올 수 있을까?
정답
YES – NO – YES – NO – NO

2장

나쁜 과학, 좋은 과학

특수 정보부에 온 닥터 케이

케이는 바로 특수 정보부 건물로 향했어요. 특수 정보부는 반짝반짝 빛나는 황금색 건물이었어요. 건물 앞에 나와 있던 진달래가 꽃다발을 건네며 말했어요.

"와! 모자랑 안경을 쓰시니 정말 학생 같아요. 아무도 몰라보겠어요. 빈말 절대 아니에요. 예쁜 개도 같이 왔네요."

"에취! 에취!"

케이가 손을 저으며 연신 재채기를 했어요.

"박사님은 꽃가루 알레르기가 있답니다."

인공 지능 제트가 꽃다발을 우적우적 씹어 먹으며 말했어요.

"아, 그렇군요. 죄송합니다. 그런데…… 어? 지금 개가 말을 한 거예요? 꽃을 다 씹어 먹고? 으악!"

케이가 코를 훌쩍거리며 말했어요.

"이제 소개하려던 참이었는데, 제 친구 제트예요. 진짜 개는 아니고 최첨단 인공 지능이지요. 꽃은 미안하게 됐습니다. 저를 보호하려는 본능 수치를 높게 잡아 놨거든요."

"박사님, 잠깐만요! 진짜 개가 아니라니요?"

제트가 발끈했어요. 케이가 웃으며 다시 말했어요.

"아, 실수! 그 어떤 개보다 더 개 같은, 이거 말이 좀 이상한데? 아무튼 이 세상에서 가장 머리가 좋은 개, 개 중의 개, 제트를 소개합니다."

제트는 사람처럼 진달래에게 앞발을 내밀었어요. 진달래는 활짝 웃으며 손을 내밀어 악수했지요.

진달래는 케이와 함께 자신의 사무실로 향했어요. 그런데 넓고 탁 트인 지상이 아닌 지하로 내려가는 거예요. 그것도 무려 지하 12층까지 계단으로 말이에요. 케이가 수건으로 땀을 닦으며 물었어요.

"헉헉, 여기는 혹시 청소 도구 넣어 두는 창고 아닌가요?"

"헤헤, 어떻게 아셨어요?"

"청소 도구들이 있는 어둑한 방이 창고가 아니고 무엇이겠습니까?"

"죄송해요. 그래도 제가 부장님한테 엄청 졸라서 얻은 곳이에요. 직

급상 혼자 방 쓰는 건 불가능하거든요. 이게 다 박사님이 정체를 밝히지 말라고 해서 그런 거라고요. 박사님을 모신 걸 알렸으면 우리 사무실은 지상 13층, 햇빛이 쫙쫙 들고 한강이 보이는 전망 좋은……."

"알겠어요. 어서 모아 둔 사건이나 살펴봅시다."

어두컴컴한 창고 사무실 한쪽에는 낡은 컴퓨터, 그리고 사건 파일들이 산더미처럼 쌓여 있었어요.

"거미는 없죠? 제가 다른 건 다 괜찮은데 유독 거미는 싫어해서요."

"저번에 대충 잡았으니 이젠 없을 거예요."

주위를 둘러보던 케이는 천장 구석에서 거미줄을 발견했어요. 케이는 몸을 부르르 떨었어요.

그렇게 마음이 편치 않은 케이와 신이 난 진달래의 협업이 시작되었답니다.

 **미심쩍은 사건 파일들**

"자, 그럼 시작해 볼까?"

제트는 의자 위에 뛰어올라 케이 옆에 앉았어요. 케이가 사건 파일을 열자 둘은 고개를 아예 파묻었어요. 둘은 진달래가 잘 알아들을 수 없을 정도로 빠르게 말을 주고받으며 무서운 속도로 파일을 읽어 나갔어요. 제트는 다 읽은 파일을 진달래 옆으로 던지기 시작했어요.

"조심해. 하마터면 맞을 뻔했어."

진달래가 자리를 옮기려 하자 케이가 손을 휘저었어요.

"그대로 계세요. 진달래 요원이 기준이 되어야 하니까."

"기준이요?"

"아무튼 그냥 거기 계세요."

어떤 파일은 진달래 왼쪽에 또 어떤 파일은 진달래 오른쪽에 떨어졌어요. 쉴 새 없이 날아오는 파일은 한 치의 오차도 없이 진달래의 머리카락을 살짝살짝 건드리며 양쪽 옆에 정확히 쌓여 갔지요.

진달래는 좀 지루해졌어요. 둘은 파일을 읽고 의견을 나누고 던지느라 바쁜데, 진달래는 꼼짝도 않고 앉아 있어야만 했으니까요.

어느 순간 진달래는 눈을 감고 코까지 드르렁드르렁 골며 잠에 빠졌지 뭐예요.

"진달래 요원! 진달래 요원!"

"무슨 일이지요? 테러라도 일어났나요?"

진달래는 화들짝 놀라 자리에서 일어났어요.

"정말 코 고는 소리가 엄청나네요. 그 소리 때문에 검토 시간이 12분 22초나 더 걸렸어요. 1분 1초가 얼마나 귀한 줄 몰라요?"

맞는 말이기는 하지만 꼭 그렇게 꼬집어 말했어야 할까요? 진달래는 발끈 화를 내려다 꾹 참기로 했어요.

"죄송해요. 그래서 제가 자는 동안 뭔가 알아냈나요?"

케이는 진달래 오른쪽에 쌓인 파일을 가리켰어요.

"저것들은 우리 일과는 아무 관련 없는 사건들이에요. 증거나 판단이 잘못된 것 같은 부분에 표시해 두었으니 담당 부서에 다시 올려 보내세요. 잘 살펴보면 금방 풀 수 있는 사건들이에요."

진달래는 고개를 끄덕이며 큰 상자 안에 파일을 넣었어요.

"자, 왼쪽 것들을 한번 같이 살펴볼까요?"

첫 번째는 유럽의 작은 도시에서 일어난 집단 감염 사건이었어요. 물을 통해 전염되는 정체 모를 세균 때문에 한동안 도시 기능이 마비되고, 몸이 약한 사람들이 앓거나 죽었던 사건이었지요. 원인이 되는 세균을 찾아냈지만, 누가 이런 일을 했는지 밝혀내지 못했어요. 진달래가 목소리를 높였어요.

"이때 발견된 세균은 연구소에서 만들어진 건데, 조작을 통해 전염성과 위험성을 높인 거라고 했어요. 이 나쁜 놈, 잡히기만 해 봐라!"

진달래의 말에 케이는 그것 보라는 듯 혀를 끌끌 찼어요.

"그거 봐요, 내 말이 맞죠? 과학이 참 문제라니까요. 예전 같으면 미생물을 조작할 생각을 누가 했겠어요? 미생물학이며 세균학이 발전하다 보니 이런 나쁜 일이 생긴 거라고요."

진달래는 케이의 말에 발끈했어요.

"그 뭐냐, 책에서 읽었는데! 파라밍? 포로밍? 그 사람이 곰팡이에서 항생제를 발견한 것은 뭔가요? 그 사람 덕분에 얼마나 많은 사람들이 수술이나 상처 때문에 죽지 않고 살아났는데요."

"플레밍입니다."

진달래의 **정보 파일**

알렉산더 플레밍 (1881~1955)

플레밍은 영국의 세균학자로 '페니실린'을 발견한 사람이에요. 의과 대학 졸업 후 1차 세계 대전에 참전했던 플레밍은, 부상당한 군인들이 상처 때문이 아니라 세균 감염 때문에 죽는 것을 보고 연구를 시작했어요.

그러던 중 대표적인 세균인 포도상구균을 기르던 접시에 푸른곰팡이가 피어 있고, 그 주변에만 포도상구균이 없어진 것을 발견하게 되어요. 이후 플레밍은 푸른곰팡이를 집중적으로 연구했고 여기에서 추출한 물질에 '페니실린'이라는 이름을 붙었어요. 이후 상처가 곪거나 썩어서 죽는 사람들, 폐렴 환자들이 페니실린 덕에 살 수 있었어요. 페니실린의 발견은 과학자들이 항생제를 연구하게 되는 시작점이 되었지요.

이후 플레밍은 연구를 거듭해 또 다른 약품의 성분이 될 수 있는 것들을 발견해 사람들에게 큰 도움을 주었어요. 플레밍은 동료인 플로리와 함께 1945년 노벨 생리의학상을 받았답니다.

페니실리움 곰팡이

"맞아요, 플레인."

"플레밍이요. 내가 다 부끄럽군요."

진달래는 잠깐 볼이 빨개졌지만, 모른 척하기로 했어요.

"아무튼 우리 사건과 관련이 있다, 이 말씀이지요? 어떤 면에서요?"

"일단 끝까지 다 살펴봅시다."

진달래는 다음 파일을 살펴보았어요.

두 번째 사건은 남미의 기업형 농장에서 일하다 병을 얻은 일꾼들에 관한 것이었어요. 일꾼들은 농장에서 쓰라고 했던 농약 때문에 자신들이 병이 났다고 했지만, 증거가 없어 애꿎은 일꾼들만 피해를 고스란히 입었어요. 심지어 농장에서는 친환경 농약을 나쁜 성분이라고 모함했다면서 고소까지 하려고 했지요.

케이가 말했어요.

"기업형 농장이면 유전자 조작 작물을 생산했을 거고, 농약 역시 그 작물에 맞춤형으로 만들어진 걸 썼겠지요. 일정 시간이 지나면 성분이 다 사라져서 원인을 찾기도 힘들고요. 이게 다 과학이 발전해서 생긴 문제예요. 사람들은 참 욕심이 많아요. 옥수수랑 콩 좀 덜 생산하면 어때서."

진달래는 케이를 향해 혀를 찼어요.

"쯧쯧, 부자는 역시 다르시네요. 세상에는 먹을 게 엄청 중요한 사람들도 있거든요. 하루에 한 끼도 못 먹는 사람이 몇 억 명이에요. 제가 엄청 존경하는 분 중에 김순권 박사님이라고 있는데요, 일명 옥수수 박사! 아시지요?"

진달래의 말에 케이는 갑자기 목소리를 낮추었어요.

"슈퍼 옥수수를 개발해서 아프리카 사람들을 굶주림에서 구한 분 말하는 거죠? 그분은 유전자 조작 작물을 만든 게 아니라, 육종을 이용한 겁니다."

그러자 진달래가 눈을 부라리며 물었어요.

"그분이 공부한 건 유전학 아닌가요?"

"유전학이긴 했죠. 하지만 그런 분은 흔하지 않아요."

"박사님도 흔하지 않은 분 중 한 분이에요."

인공 지능 제트가 불쑥 끼어들었어요. 그러자 케이가 무섭게 쳐다봤고, 제트는 슬며시 꼬리를 감추었어요.

진달래는 고개를 갸웃하고는 세 번째 파일을 열었어요. 원자핵을 개조해 불법으로 만든 무기를 거래하려다 잡힌 사건이었지요. 진달래가 흥분해서 말했어요.

진달래의 과학자 윤리

옥수수 박사 김순권 (1945~   )

김순권 박사는 옥수수 연구와 슈퍼 옥수수 개발로 유명한 농학자예요. 아프리카 사람들이 굶주리는 것에 가슴 아파하던 김순권 박사는 아프리카 국제 열대 농업 연구소에 가서 연구를 시작했어요. 당시 아프리카는 기생 잡초 때문에 옥수수 농사를 지을 수가 없을 정도였거든요. 김순권 박사는 고생 끝에 이 기생 잡초에 저항할 수 있는 신품종 옥수수를 개발했어요. 당시 아프리카 사람들은 김순권을 영웅으로 삼고 '배불리 먹이는 사람'이라는 이름을 붙여 주었으며 노벨 평화상 후보로 추천하기도 했어요.

이후에도 김순권 박사는 아프리카의 기후와 생태에 맞는 옥수수 연구를 거듭해 아프리카 대륙의 식량난 해결에 큰 도움을 주었어요. 김순권 박사는 유전자 조작이 아니라 육종을 통해 새로운 옥수수를 개발했어요. 부작용이 없는 종자 개발을 위해 다른 사람들보다 10배 이상, 심지어는 100배 넘게 교배를 시도했고 결국 이런 결과를 얻게 되었지요. 현재 김순권 박사는 북한 지역의 식량난을 해결하기 위해 연구 중이며 국제옥수수재단의 이사장으로도 활약하고 있어요.

"이 사건 때문에 특수 정보부 전체가 완전히 비상이었어요. 다행히 무기 성능은 뛰어나지 않아서 실제로 쓸 수 있는 수준은 아니었어요. 그래도 몇 가지 기술만 더해졌다면……. 아, 생각만 해도 아찔해요."

진달래의 과학자 윤리

원자핵의 아버지 러더퍼드 (1871~1937)

영국의 물리학자 어니스트 러더퍼드는 뉴질랜드에서 태어나고 자라 런던의 캠브리지 대학의 연구생으로 들어가면서 본격적으로 물리학 연구를 시작했어요. 우라늄 방사선 연구를 하던 러더퍼드는 원자 내부의 변화 때문에 방사성 변화가 일어나고, 여기에서 전혀 다른 원자가 생겨난다는 것을 알아냈지요. 이전까지 원자는 변할 수 없는 것이라 여겼던 많은 과학자들은 러더퍼드의 연구 때문에 큰 충격에 빠졌어요.

러더퍼드는 1908년 노벨 화학상을 받았으며, 이후에도 연구를 멈추지 않았어요. 원자 붕괴 이론뿐 아니라 원자핵을 발견하고, 원자 구조 이론의 선구자 역할을 하기도 했지요. 또 입자 충격으로 원자를 인공적으로 파괴해 다른 원소로 전환시켰으며 이후 중성자의 존재를 예상하기도 했어요.

러더퍼드는 1차 세계 대전 당시 해군 발명 연구소에 들어가 핵물리학 연구를 시작했는데, 이 연구는 원자 폭탄이 만들어지는 시초이기도 했어요. 러더퍼드는 자신의 연구가 이후 세계 질서를 바꾸어 놓을 거라고는 생각하지 못한 채 연구자로서 일생을 마쳤답니다.

"그것 보세요. 원자핵은 잘 사용했을 경우에는 사람들을 행복하게 만들 수 있어요. 10원짜리 동전만큼의 무게로도 화력 발전소 몇 개 분량의 에너지를 공급할 수 있으니까요."

"아, 저도 그 이론 알아요. 센터포드, 마더포드…… 어, 아닌데?"

인공 지능 제트가 슬며시 끼어들었어요.

"혹시 러더포드?"

"맞아요, 러더포드. 아, 고마워. 갑자기 이름이 생각이 안 나서……. 방사능이 자연 붕괴한다는 사실을 발견한 사람. 원자핵의 아버지!"

"우리가 러더포드의 이론을 제대로 사용하고 있나요? 원자 폭탄을 생각해 보세요. 러더포드가 알았다면 땅을 치며 후회했을 거예요."

"사람이 왜 그렇게 비관적이고 우울해요?"

"그건……."

케이가 말을 더듬는 사이 진달래는 다음 파일을 열었어요. 우리나라 몇몇 병원에 설치된 AI 시스템이 하루 동안 멈춰 버린 사건이에요. 컴퓨터가 제어하던 자동문도 안 열리고, 수술실 위치가 다 바뀌고, 무인 주차장에서는 엉뚱한 방향으로 차량을 인도하는 바람에 커다란 혼란이 벌어졌지요. 하지만 단 하루뿐이었어요. 다음날이 되자 아무 일도 없었던 것처럼 원상 복구가 되었지요.

"자, 보세요. 이게 다 과학의 문제가 아니고 뭐겠어요? 사람 몇 명을 더 써서 관리하면 되는데, 왜 컴퓨터를 써서 문제를 만들어요? 이러니 컴퓨터와 인공 지능이 사람의 일자리를 뺏는다고 하는 거예요."

"거시기 뭐냐, 존 맥도날드가 들으면 섭섭해 하겠어요."

제트가 진달래의 귀에 대고 속삭이자, 진달래는 아무렇지도 않은 표정을 지으며 말을 이었어요.

"제가 또 착각했네요. 존 매카시요. 그가 만든 인공 지능이 세상을 얼마나 편리하게 바꾸었는데요. 멀리 있는 사람들을 진료할 수 있는 원격 진단 시스템, 지하 수백 m 지점에서 일어나는 지질학적 문제를 사람의 입장에서 추론하고 해결할 수 있는 것도 다 인공 지능 덕분이라고요. 그러니까 제발 좀 과학의 밝은 면을 보세요! 아시겠어요?"

흥분한 진달래는 자기도 모르게 목소리를 높였어요. 케이가 깜짝 놀라 제트에게 물었어요.

"건물이 흔들린 것 같은데, 혹시 나만 느꼈나?"

"지금 이 소리는 일명 기차 화통이라고 불리는 것으로……."

"아, 그만! 제트 너까지 왜 그래? 아무튼 소리 지른 건 죄송해요. 제가 가끔 흥분하면 이렇습니다. 그리고 이건 순전히 제 감인데, 제 주위에 일어난 사소한 사건들하고 뭔가 연결되는 점이 있는 것 같아요. 이웃집 개랑, 앞집 동생이랑, 옆집 오빠랑…… 제 주위 사람들이 평소에도 좀 유난스럽지만 이런 이상한 사건에 얽힐 만한 사람들이 아니거든요. 하지만 분명 뭔가 있어요. 현장 사진 한번 보실래요?"

케이는 몇 장의 현장 사진을 슥슥 훑어보더니 되물었어요.

"요원이라면서요. 모르시겠어요?"

"몰라요."

"정말 모르시겠어요?"

"모른다니까요."

"그런데 뭔가 관련이 있을 거라는 감은 뭔가요?"

"순전히 감이에요. 말씀드렸잖아요, 제가 감이 뛰어나다고. 어릴 때부터 그랬다니까요."

"증거도 없이?"

인공 지능 제트가 케이에게 말했어요.

"그 감 대단하네요. 저도 한번 먹어 보고 싶어요."

"뭐라고?"

발끈한 진달래에게 케이가 대신 사과했어요.

"죄송합니다. 유머 수준이 조금 올드하게 설정되어 있거든요. 제가 옛날 것들을 좀 좋아해서."

"됐어요. 빨리 무슨 관련이 있는지나 알려 주세요."

케이가 제트를 향해 고개를 끄덕이자, 제트의 눈에서 빛이 나와 벽면에 영상을 띄웠어요. 케이가 지금까지 설명했던 파일들에 붙어 있던 사건 사진이었지요.

"아직도 모르겠습니까?"

"저는 이미 수십 번은 봤다고요. 도대체…… 으악!"

"이제 알았어요?"

"제가 제대로 본 것 맞나요? 배가 고파서 헛것을 본 건가요? 사건 현장에 모두 문어가 있어요."

제트가 빨간 빛을 비추자 문어가 모습을 드러냈어요. 풀숲이나 농부의 옷에 숨어 머리를 내밀고 있기도 했고, 미생물 사진 한구석에도 문어가 겹친 모양이 있었어요. 이런 식으로 문어는 사건 현장 곳곳에 모습을 드러냈어요.

"이 사건들 간에 연관성이 있다는 건 이 문어로 확인할 수 있을 것 같아요. 그리고 지금 진달래 요원이 개인적으로 이상하다고 느꼈던 사건 파일에도 똑같은 문어로 보인답니다."

진달래는 자신의 주변에서 일어났던 소소한 사건들의 현장 사진을 다시 살펴보았어요. 과연 진달래가 이상하다고 여겼던 사건 사진마다 문어가 있었어요. 웃고 있는 강아지 목줄에도 문어가 있었고, 배가 홀쭉해진 동생 옷에도 문어가 있었고, 아이템이 늘었다면서 웃는 오빠의 컴퓨터에도 문어가 있었지요.

"그러니까 정리하자면, 제가 이상하다고 느낀 이 사건들과 세계 곳곳에서 문제가 되었던 사건을 일으킨 범인이 같은 사람이다?"

"사람인지 아닌지는 모르지요. 우리가 발견한 건 문어니까요. 물론 사람일 가능성이 높겠지만."

하여간 케이는 참 까칠했어요. 진달래는 한참 생각하다 고개를 저었어요.

"박사님, 아무튼 편의상 범인을 옥토퍼스(문어)라고 부르기로 하지요. 그런데 세계 곳곳에서 커다란 사건을 터뜨릴 정도로 실력도 좋은 옥토퍼스가 왜 우리나라에서는 시시한 사건만 일으키는 거지요?"

"지금까지는 그저 연습이었을 뿐입니다. 옥토퍼스는 지금 우리를 조롱하고 있는 거예요. 일부러 실력이 없는 것처럼 보이면서요. 하지만 그건 다 위장이에요. 조만간 큰 사건이 터질 게 분명합니다."

인류 문명을 바꾼 과학기술

혹시 선사 시대를 구석기, 신석기, 청동기, 철기로 구분하는 것을 알고 있나요? 이런 시대 구분은 당시에 쓰였던 도구의 종류에 따라 나눈 것인데, 도구의 발전은 기술의 발전과 곧바로 연결되지요.

바퀴가 발명되면서 물자 교환이 더 쉬워졌다거나 종이가 생기면서 문자 사용과 기록 문화가 폭발적으로 늘어난 것, 페니실린이 만들어지면서 사람들의 수명이 크게 늘어난 것 등도 과학기술 발전의 한 예랍니다.

기계가 물건을 만들게 된 산업 혁명 역시 증기 기관의 발명에서 시작되었어요. 그 밖에 전구나 전신 등의 발명은 사람들의 생활을 편리하게 바꾸어 놓았을 뿐만 아니라 다른 발명품의 원동력이 되었지요. 최근에 인류를 바꾸어 놓은 가장 큰 기술의 진보를 꼽으라면 바로 '인터넷'이라고 할 수 있을 거예요. 지식과 정보가 전 세계에 거의 동시에 전달되어 하나의 지구촌을 만들었으니까요. 하지만 한편으로는 개인 정보가 순식간에 노출되는 위험도 커졌기 때문에 보안 기술이 더 강화되어야 하는 불안한 시대가 되기도 했지요.

과학기술이 인류에게 가져온 문제점은 무엇일까?

실험실에서 미생물을 배양(인공적인 환경을 만들어 동식물 세포와 조직의 일부나 미생물 따위를 가꾸어 기름)할 때, 보통 미생물은 한창 잘 자라다가 일정 시간이 지나면 먹이 고갈과 노폐물의 축적으로 성장을 멈추고, 끝내는 죽어 없어져요. 우리 인류라고 예외일 수 있을까요?

여러 의학 기술이 발전하면서 사람들의 평균 수명이 늘어나자 인구수는 폭발적으로 증가했어요. 큰 도시가 많이 생기면서 동물들이 살 수 있는 자연 환경은 점점 줄어들었고요. 현재 인간을 제외한 동식물들은 서식지가 줄고 환경이 오염되면서 살기 힘들어지고 있어요. 이런 자연환경의 변화는 기후 변화로 이어졌고 현재 전 세계는 가뭄, 태풍, 홍수, 폭염, 냉해 등의 여러 자연재해로 고통 받고 있답니다.

만약 우리가 과학기술 발전에만 관심을 두고 대기 오염, 수질 오염, 토양 오염 등의 환경 문제를 그대로 방치한다면, 지구는 어떻게 될까요? 편리한 생활과 환경 오염은 떼려야 뗄 수 없는 관계일까요?

가로 세로 퀴즈

인류 문명을 바꾼 여러 가지 과학기술과 관련된 단어들로 십자말풀이를 해 볼까요? 아래의 설명을 잘 읽고 빈칸을 채워 보세요.

가로 문제

① 이것의 발명으로 전차와 마차 같은 교통수단이 발달하기 시작했으며, 무겁고 많은 짐을 쉽게 옮길 수 있게 되었어요.
② 에디슨이 발명한 것으로, 이것 덕분에 사람들이 밤 시간에도 활동을 할 수 있게 되었어요.
③ 산업 혁명을 시작하게 한 기관이에요. 이것을 이용해 움직여요.
④ 노벨은 이것을 만들 때 사람들에게 도움이 되기를 바랐어요. 하지만 무기로 쓰이는 일이 많아 슬퍼했답니다.

세로 문제

Ⓐ 선사 시대 중 청동으로 된 도구를 쓴 시기를 말해요.
Ⓑ 전기나 전류를 이용해 신호를 주고 받는 기술을 말해요. 모스 기호로 유명한 모스 역시 이 기술 발전에 도움을 주었답니다.
Ⓒ 문자와 기록 문화가 늘어나는 데 큰 영향을 준 발명품이에요. 중국에서 최초로 발명되었다고 알려져 있어요.

정답: ①바퀴 ②전구 ③증기 ④다이너마이트 Ⓐ청동기 Ⓑ전신 Ⓒ종이

3장 총칼을 든 과학

⊕ 테러의 시작

케이와 제트, 진달래가 파일에 파묻혀 있는데, 갑자기 고물 컴퓨터에서 삑삑삑 요란한 소리가 났어요. 케이가 당황한 얼굴로 물었어요.

"이게 무슨 소리죠? 옛날 컴퓨터가 터지는 소리인가요?"

"어유, 비록 낡기는 했지만 터질 정도는 아니에요. 이건 전 요원이 알아야 할 엄청난 사건이 터졌다는 경보예요."

컴퓨터에 동영상이 재생되고 있었어요. 검은 헬멧을 쓴 군인 수십 명이 거리에서 난동을 부리고 있었지요. 군인들이 쿵쾅쿵쾅 뛰어다니며 마구 주먹을 휘두르는 바람에 건물 유리창이 모두 깨지고 심지어는 건물 벽에 커다란 구멍이 났어요. 도망치면서 넘어져 다치는 사람들도 많

앉았어요. 진달래는 휴대 전화를 꺼내 부장에게 전화했어요.

"왜? 특수 정보부에도 테러리스트가 침투했나?"

"아뇨, 특수 정보부는 이상 없는데요."

"그런데 왜 전화했어? 지금 사태 진압하느라 바쁜 거 안 보여?"

"수고가 많으십니다, 부장님. 저도 돕고 싶어요."

"사무실 청소나 좀 해. 끊어!"

진달래는 민망한 표정을 지으며 말했어요.

"좀 바쁘신가 봐요. 그래도 부장님은 절 아끼세요."

"그래요, 몹시 바빠 보이네요."

케이가 컴퓨터를 가리켰어요. 흥분한 군인들 앞을 경찰차와 검은 차들이 가로막고 있었고, 차 주위에서 무전기를 들고 뛰어다니는 요원들이 보였어요. 진달래가 말했어요.

"그런데 군인들이 도대체 왜 저러는 걸까요?"

그때 군인들이 경찰차와 검은 장갑차들이 막고 있는 곳으로 다가왔어요. 경고 방송에도 군인들은 멈추지 않았어요. 그러다 갑자기 군인들이 이상한 비명을 지르더니 하늘 높이 솟아올라 사라져 버렸어요.

케이가 문을 열고 밖으로 나가면서 말했어요.

"우리도 현장으로 한번 가 봅시다."

"그렇죠, 현장. 제가 또 출중한 현장 요원, 특수 정보부의 꽃 정예 요

3장 총칼을 든 과학

원 아니겠어요? 아, 그런데 다들 어디 갔지?"

케이와 제트는 벌써 계단을 오르고 있었어요. 진달래는 재빨리 뒤쫓아 갔어요.

도시의 군인들

군인들이 난동을 피우고 간 사건 현장은 그야말로 엉망진창이었어요. 건물에서 뜯겨 나온 철골과 돌멩이, 그리고 유리 조각들이 켜켜이 쌓여 있었어요. 진달래는 부장님과 눈이 딱 마주쳤어요.

"진달래, 여기서 뭐 해? 지난번 현장에 왔다가 증거를 밟아서 다 망친 거 벌써 잊었어?"

케이와 제트는 그럼 그렇지, 하는 표정으로 서로 쳐다보며 킥킥거렸어요. 부장님의 화가 둘에게도 뻗쳤어요.

"거기 학생이랑 개는 뭐야?"

진달래가 재빨리 나섰어요.

"이분은 저명하신……."

케이가 옆구리를 쿡 찔렀어요.

"아니, 경찰대 학생이에요. 저 같은 정예 요원이 꿈이라고 해서 데려

왔어요. 이 개는 탐색견이고요."

부장님은 케이와 제트를 위아래로 살피면서 말했어요.

"자기 앞가림도 못하면서 학생과 탐색견을 끌고 다녀?"

"부장님! 부하 직원 기죽이지 마세요."

"한 번만 봐준다. 빨리 살펴보고 사무실로 복귀해서 서류나 정리해."

부장님이 떠나자 인공 지능 제트의 눈에 불이 켜졌어요. 제트는 주위를 빠르게 스캔해서 곧바로 3차원 동영상으로 재생시켰어요. 부서진 돌무더기가 문어 표시로 쌓여 있는 것이 가장 먼저 눈에 들어왔어요.

"이건 우연? 아니면 옥토퍼스?"

"맞아요. 옥토퍼스의 짓이에요. 그보다 더 중요한 건……."

케이가 제트의 머리를 살짝 건드리자 제트는 여러 화면을 동시에 띄워 보여 주었어요. 진달래가 고개를 갸웃했어요.

"저게 뭐죠? 꼭 동물 털 같은데. 무슨 종류일까요?"

"저건 고릴라입니다."

제트의 대답을 듣고도 진달래의 의문은 풀리지 않았어요.

"그런데 고릴라가 왜?"

케이가 제트에게 말했어요.

"사건이 일어난 장면을 틀어 봐."

화면은 군인들을 집중적으로 보여 주었어요. 군인들의 몸은 군복으로 가려져 있었고 무기로 무장을 하고 있었어요. 그런데 얼굴 부분을 확대해 보니 헬멧 안이 살짝 보였어요.

"이건…… 정말로 고릴라잖아요."

"맞습니다. 진짜 고릴라입니다."

그런데 진달래는 잘 이해가 되지 않았어요. 고릴라의 행동은 분명 사람과 달라요. 그런데 조금 전의 군인들에게서는 팔이 길고 등이 약간 굽은 고릴라 특유의 자세가 전혀 보이지 않았어요.

케이가 제트의 머리를 다시 살짝 건드리자, 여러 개의 화면이 동시에 나타났어요. 모두 전투를 하고 있는 군인들의 영상이었지요. 사막, 정글, 진흙밭 등에서 말이에요.

"고릴라 군인들은 우리나라에 처음 나타난 게 아니에요. 자, 여기 보세요. 다른 군인들과는 행동이 조금 다르죠?"

일반 군인들 틈에 키가 크고 왠지 행동이 부자연스러운 군인들이 몇 명 끼어 있었어요.

"사실은 제가 얼마 전부터 유심히 살펴보던 사건들입니다. 드디어 오늘 알게 되었습니다. 고릴라의 유전자를 조작해 군인들로 만든 것입니다. 범인은 물론 옥토퍼스고요."

"아니, 왜 도대체 이런 일을 하는 거죠?"

"돈에 눈이 먼 겁니다. 군인들을 훈련시키고 파병하는 데에는 많은 돈이 듭니다. 하지만 고릴라는 다르죠. 유전자 조작 기술만 갖고 있다면 고릴라는 얼마든지 공급할 수 있어요. 잡아다가 주사 한 대면 끝. 잔인한 말 같지만 죽어도 따로 장례를 치러 줄 필요도 없지요. 옥토퍼스도 나쁘지만 고릴라 군인들을 쓰는 나라들도 마찬가지입니다."

"아아, 이 나쁜 놈들 같으니라고!"

진달래의 목소리가 기차 화통처럼 커졌어요.

"그건 그렇고, 더 큰 문제는 바로 이거예요."

제트가 사건 영상을 다시 재생했어요. 마지막 장면, 즉 하늘로 솟아오르기 직전이에요. 고릴라 군인들은 갑자기 머리를 움켜쥐었어요. 확대해 보니 고통으로 울기 직전의 얼굴이었어요.

진달래의 과학자 윤리

잔인한 동물 실험

과학자들은 다양한 분야의 연구에서 동물을 재료로 이용해요. 화장품이나 세제 등의 독성을 알아보기 위해 동물들을 화학 약품과 닿게 하거나, 약물이나 치료법, 질병 연구를 위한 실험체로 동물을 쓰는 일이 많아요. 안전성이 입증되지 않은 연구법을 바로 사람에게 적용할 수 없기 때문에 동물을 사람 대신 쓰는 것이지요.

하지만 최근에 와서는 이런 동물 실험에 반대하는 사람들이 늘어나고 있어요. 이들은 동물의 몸이 사람과 똑같은 게 아니기 때문에 이런 실험이 크게 쓸모가 없고, 동물 실험을 대신할 수 있는 여러 방법이 개발되고 있다는 주장을 해요. 또 사람과 똑같이 고통을 느끼고 괴로워하는 동물에게 실험하는 것은 도덕적으로 잘못된 일이라고 하지요. 하지만 상대적으로 동물 실험이 돈이 덜 들기 때문에, 전 세계적으로 동물 실험은 계속되고 있어요.

최근에는 이런 실험 동물들의 권리를 보장하기 위해 여러 규정이 강화되고 있어요. 아픔을 느끼거나 상황을 알아챌 만한 지능이 있는 동물은 되도록 사용하지 않아요. 또 실험할 땐 동물의 아픔을 최소화해야 하고, 멸종 위기에 처한 동물은 실험에 이용될 수 없다는 규정을 만들었지요.

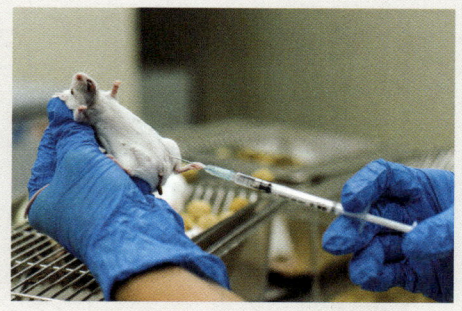

"고릴라들이 괴로워하는 게 보이지요? 옥토퍼스가 유전자를 조작하는 주사를 놓아 뇌를 망가뜨린 후 공격을 하게 했겠지만, 어느 정도 시

간이 지나면 약효가 떨어지는 것 같아요. 그리고 여기…….."

진달래는 케이가 손가락으로 짚은 곳을 보았어요. 고릴라들이 하늘로 솟아오르는데 하늘에 가느다란 줄 같은 것이 있었어요.

"이게 뭐죠? 아까 영상에서는 못 봤는데."

"전자파예요. 제트가 우리 눈에 보이도록 조작한 거예요. 강한 전자파가 고릴라들을 끌어 올린 거예요."

"아, 그렇다면 이 전자파를 따라가면 되겠네요. 어서 가요. 엥?"

하지만 케이와 제트는 벌써 저 멀리 사라진 뒤였지요.

"치사한 인간과 개 같으니라고. 같이 가요!"

⊕ 옥토퍼스의 본거지

진달래는 하늘 높이 솟은 고층 건물 앞에서 입을 다물지 못했어요.

"아니, 여기는 칠칠 그룹 본사 아니에요?"

"제트, 모두 몇 층이지?"

"78층입니다. 전자파는 78층에서 나왔고요."

진달래가 끼어들었어요.

"제트한테 문제가 있나 봐요. 이 건물은 77층까지밖에 없어요. 그래서 이름도 칠칠 타워라고요."

제트가 발끈했어요.

"저에게 오류란 없습니다. 진짜로 훌륭한 개 같은 개란 말입니다."

"제트를 욕하는 건 곧 저를 욕하는 겁니다. 저를 의심하는 겁니까?"

"누구 말이 맞는지 확인해 보면 알겠지요. 자, 들어가요."

진달래는 로비를 휙휙 지나 엘리베이터로 갔어요. 그런데 엘리베이터에는 10층까지만 표시되어 있었어요.

그때 진달래 앞에 경비원이 나타났어요.

"애완견은 안고 타셔야 합니다. 배변 봉투는 준비하셨지요?"

진달래는 재빨리 제트를 안은 후 경비원에게 물었어요.

"그런데 10층 이상을 가려면 어떻게 해야 하나요?"

"11층부터는 칠칠 그룹 전용 사무실입니다. 저쪽에 칠칠 그룹 전용 엘리베이터가 있습니다. 그런데 사전에 약속을 잡으신 분만 올라갈 수 있답니다."

당황한 표정을 짓는 진달래 앞에 케이가 나섰어요. 케이는 진달래의 품 안에서 불편한 표정을 짓고 있는 제트를 안으며 말했어요.

"물론 약속을 잡았습니다. 안내해 주세요."

진달래는 제트의 눈이 바쁘게 움직이는 것을 보았어요. 칠칠 그룹을 해킹하고 있는 중인가 봐요.

칠칠 그룹 전용 엘리베이터는 건물 구석에 있었어요. 경비원이 돌아간 뒤 진달래는 또다시 당황했어요. 버튼이 60층까지밖에 없었거든요.

"이제 어쩌죠? 60층부터는 비상계단으로 올라갈까요?"

케이가 아무 말도 안 하기에 진달래는 일단 60층을 눌렀어요. 엘리베이터는 빠른 속도로 올라갔어요. 그때였어요. 제트의 눈에서 흰빛이 뿜어져 나오더니, 조금 전까지 보이지 않던 61층에서 77층 버튼이 비로소 보였어요. 케이가 77층 버튼을 누르면서 설명했어요.

"임직원들만 이용할 수 있는 가상 버튼 시스템입니다. 물론 제트가 사원 명단을 해킹해서 알아냈지요."

"역시 훌륭해, 제트."

"칭찬하려면 저에게 하셔야죠. 제가 제트를 만들었으니까요. 그런데 우리 진달래 요원은 요원으로서 하는 일이 있나요?"

"무슨 말씀을! 저도 때가 되면 다 한다고요."

"그럼 지금이 바로 그때입니다. 제가 얻은 정보에 의하면 77층은 회장 전용 공간입니다. 임원 외에는 올라갈 수 없어요. 무장한 경호원들도 10명 가량 있고요. 이제 곧 문이 열립니다. 어떡하죠?"

문이 활짝 열렸어요. 케이의 말대로 경호원들이 줄줄이 서 있었어요.

"어떻게 오셨습니까?"

진달래가 신분증을 보이면서 말했어요.

"저는 특수 정보부 요원 진달래입니다. 회장님을 만나러 왔습니다."

"어떤 일 때문입니까?"

"그건…… 국가 기밀입니다."

"기밀이건 뭐건 사전에 약속이 안 되어 있으면 내리실 수 없습니다. 60층 기획실로 가 주세요."

진달래가 신분증을 흔들면서 소리를 높였어요.

"기밀이라니까요, 기밀. 제발 내리게 해 주세요."

진달래와 경호원이 실랑이를 벌이는 동안 케이가 슬쩍 모자와 안경을 벗고 앞으로 나서며 말했어요.

"회장님께 케이가 왔다고 전하세요."

"앗, 케이라면…… 케이 그룹 회장님?"

경호원 중 한 명이 서둘러 전화하더니, 손으로 오케이 사인을 했어요. 경호원들은 고개를 숙이고 자리를 비켜 주었지요.

"회장님과 아는 사이였으면, 처음부터 말해 줬어야죠!"

케이가 빙긋 웃으며 말했어요.

"그럼 재미가 없잖습니까?"

회장실에 들어가기 전 케이가 진달래에게 속삭였어요.

"조금 있다가 화장실에 가겠다고 말하세요."

"네?"

케이는 더 이상 말하지 않았어요. 회장실의 문이 열렸고 회장은 케이를 반갑게 맞아 주었어요.

케이는 칠칠 그룹 회장과 무척 친한 것 같았어요. 진달래를 소개시켜 준 뒤에는 학교 이야기, 친구 이야기, 그리고 진달래는 잘 알아들을 수 없는 과학 관련 이야기를 쉬지 않고 했어요. 듣고 있자니 졸음이 올 지경이었지요. 그때 케이가 쿡 찔러, 진달래가 벌떡 일어났어요.

"회장님, 대화 중에 죄송합니다만 화장실이 좀 급해서요. 시간이 좀 걸릴 거예요. 큰 거라서……."

회장이 질색한 얼굴을 하곤 손을 저으며 말했어요.

"예, 어서 다녀오세요."

➕ 비밀 연구소를 찾다

화장실로 향하는 진달래 뒤를 인공 지능 제트가 졸졸 쫓아왔어요. 난데없이 화장실에 가라니 뭔 꿍꿍이인지 알 수가 없었어요.

그때 제트가 진달래를 앞발로 톡톡 건드리며 속삭였어요.

"서둘러야 해요. 시간이 15분밖에는 없어요."

"아니, 뭘?"

"아까 엘리베이터를 타고 올라올 때 건물 설계도를 조사했어요. 여자 화장실에서 78층으로 이어지는 비밀 통로가 있더군요."

"그럼 케이 박사님이 회장님과 있는 동안 우리는 78층을 살핀다?"

진달래의 가슴이 쿵쾅쿵쾅 빠르게 뛰었어요. 이제 정말 요원다운 일을 할 때가 온 거예요. 화장실에 들어가자 제트는 사방을 스캔했어요. 진달래가 걱정스럽게 말했어요.

"누가 들어오면 어떡하지?"

"77층은 회장 단독 공간입니다. 그러니까 여자 화장실을 쓰는 사람은 아무도 없다고요. 그게 과연 우연일까요?"

스캔을 끝낸 제트가 세면대를 살짝 밀었어요. 그러자 세면대가 좌우로 갈라지더니 어두컴컴한 계단이 나타났어요.

"세계 최고의 개에게 앞자리를 양보할게."

제트는 흥, 하고 콧소리를 내고는 계단을 올랐어요. 조심스럽게 계단을 통과했더니 강철 문이 나타났고, 제트가 버튼 몇 개를 누르자 그 문도 쉽게 열렸어요. 하지만 그들 앞에 또 다른 유리문이 나타났어요. 문 안쪽을 살펴보던 진달래는 깜짝 놀랐어요.

"아니, 저게 다 고릴라야?"

수백 마리는 될 것 같은 고릴라들이 우리 안에 갇혀 있었어요. 팔다리가 다 묶인 채 머리에는 전선이 연결된 괴상한 장치를 쓰고 있었지요. 침을 줄줄 흘리는 고릴라부터, 이를 드러내며 으르렁거리는 고릴라, 신음 소리를 내는 고릴라까지 다들 괴로워하고 있었어요.

"이럴 수가! 여기가 고릴라 군인이 만들어지는 곳이었네."

"쉿! 목소리가 너무 커요. 78층엔 저보다 성능이 한참 떨어지지만 그래도 꽤 훌륭한 인공 지능이 전체를 감시하고 있다고요."

"자, 이제 우리 어떻게 해야 하지? 내가 저 유리문 다 부수고 고릴라들을 풀어 줄까? 인공 지능부터 먼저 무찔러야 하나?"

잔뜩 흥분한 진달래 앞에서 제트가 꼬리로 자신의 뒤통수를 세게 누

르자, 뒷머리 부분이 활짝 열렸어요.

"제 머리에서 스몰 제트를 꺼내 주세요."

"스몰 제트?"

"한 발짝만 더 안으로 들어가면 외부인의 발걸음을 감지하는 센서가 작동해요. 방법은 딱 하나, 날아가는 거예요."

벌처럼 생긴 스몰 제트를 꺼내자 제트는 움직임을 멈추었어요.

"진달래 요원이 저를 조종해야 해요. 눈을 감고 스몰 제트가 된 저를 떠올려 보세요. 집중, 또 집중해야 해요, 알겠죠?"

"집중하면 또 나야. 내 별명이 진집중이라고."

"농담할 때가 아니에요. 제발 집중하세요."

진달래는 스몰 제트를 손에 쥐고 눈을 감았어요. 갑자기 몸이 작아지는 기분이 들더니 몸이 두둥실 떠오르는 것 같았어요.

진짜 옥토퍼스는 누구?

정확히 15분 후 진달래가 씩씩대며 회장실로 들어와 소리질렀어요.

"회장님, 동물 학대 혐의 및 불법 유전자 조작 혐의로 체포합니다. 회장님이 바로 옥토퍼스죠?"

"네? 도무지 무슨 소리인지? 옥토퍼스는 또 뭡니까?"

회장이 어리둥절한 얼굴로 진달래를 보다가 케이에게 물었어요.

"케이, 이게 다 무슨 일이지?"

케이가 고개를 끄덕이자 제트는 78층에서 촬영한 영상을 재생했어요. 영상을 본 회장은 깜짝 놀랐어요.

"아니, 우리 회사에 78층이 있었나? 고릴라들은 다 뭐야? 우리 회사는 동물 실험을 하지 않는다고."

"회장님, 아니 옥토퍼스 이 나쁜 놈, 잡아떼지 마라."

"아까부터 옥토퍼스, 옥토퍼스 하는데 그게 도대체 뭔가요?"

"제 친구는 아무것도 모르는 게 분명합니다. 제 친구는 이 회사에 고용된 회장이거든요."

"그렇습니다. 저는 이 회사의 경영만 맡고 있습니다."

"그럼 진짜 주인은 누구죠?"

"그게…… 한 번도 만나 본 적은 없습니다. 채용 때도 이사회 사람들만 만나고 최종 면접은 전화로만 했으니까요."

"그럼 연락처라도? 메일 주소? 전화번호?"

"제가 연락을 할 수는 없습니다. 전달할 게 있으면 그쪽에서 연락해 옵니다."

케이가 곰곰이 생각한 후 말했어요.

"알겠어. 그렇다면 우선은 이 동영상을 방송국에 보내고 인터넷에 올리겠어. 그래도 괜찮을까?"

회장은 고개를 끄덕이며 말했어요.

"괜찮고말고. 동물의 유전자를 조작하다니, 그건 내 경영 방침과도 전혀 맞지 않아. 대신 우리도 자체 성명을 발표하겠어. 우리와 연관성이 없다는 건 밝혀야 하니까."

케이는 제트가 확보한 동영상을 인터넷에 올리고 방송국에도 보냈어요. 첫 사건을 멋지게 해결한 진달래는 기분이 좋아서 목소리를 높여 떠들어 댔어요.

"아하, 이제 우리 부장님도 저를 인정하실 거예요. 이렇게 훌륭한 나한테 서류 정리나 하라고 하다니, 흥!"

하지만 진달래와 달리 케이는 별로 기분이 좋지 않아 보였어요.

"박사님, 무슨 걱정이라도 있으세요?"

"제가 생각하기에 옥토퍼스가 이 정도로 끝낼 것 같지는 않습니다. 이건 시작일 뿐이에요."

원자 폭탄을 만든 과학자들은 어떤 생각을 했을까?

맨해튼 계획의 시작

1903년 러더퍼드가 원자핵 분열을 연구한 후, 이 에너지를 이용해 원자 폭탄을 만들 수 있겠다는 이론적인 근거가 마련되었어요. 하지만 실제로 원자 폭탄을 만들려는 시도는 2차 세계 대전이 시작된 후였지요. 나치 독일이 우라늄을 가지고 연구를 시작하자, 당시 아인슈타인을 비롯한 몇몇 과학자들이 연합군 쪽에서도 원자 폭탄을 연구할 필요성이 있다며 미국의 루스벨트 대통령에게 편지를 보냈어요. 하지만 실제로 미국이 이 맨해튼 계획을 시작한 것은 일본이 진주만을 공습한 후였어요. 루스벨트 대통령은 이 계획을 극비에 붙이고 유명한 과학자들을 모두 모은 후, 20억 달러라는 어마어마한 돈을 투자했어요. 한때 맨해튼 계획에 참여한 이들의 수가 13만 명에 이르기도 했답니다.

로스앨러모스의 연구 기지

당시 원자 폭탄 연구 기지 중 주축이 되는 연구소는 인적 드물고 척박한 로스앨러모스라는 곳에 있었어요. 수십 명의 노벨상 수상자, 그리고 이후에 노벨상을 수상하게 될 저명한 과학자들이 '인류의 평화'를 위해 이곳에 모여 고된 연구

를 계속했어요. 과학자들 중에는 나치를 피해 미국에 온 사람들도 많아서, 어떻게든 나치보다 원자 폭탄을 먼저 만들어야 한다고 생각했어요. 원자 폭탄이 어떤 비극을 낳을지 아무도 생각하지 못했고요.

과학자들의 반대

1945년 4월 30일, 히틀러가 자살하고 5월 8일에 독일이 패배를 인정하면서 유럽에서는 전쟁이 끝났어요. 6월 무렵, 아인슈타인과 함께 루스벨트 대통령에게 원자 폭탄 개발을 요구하는 편지를 썼던 실라르드는 트루먼 대통령에게 청원서를 보냈어요. 일본이 항복할 경우에는 원자 폭탄을 쓰지 말자는 내용이었지요. 이 청원서에는 맨해튼 계획에 참가했던 과학자들 150명의 서명도 포함되었어요. 하지만 7월 16일 최초의 원자 폭탄 실험이 실행되고, 2주 후 일본에 원자 폭탄이 떨어져 수십만 명이 죽거나 부상을 당했어요.

오펜하이머의 눈물

로스앨러모스 연구소 소장 오펜하이머는 일본에서 수많은 일반인들이 목숨을 잃은 것을 보고, 소장직을 내려놨어요. 이후 원자력을 전 세계가 함께 나누어 가져야 한다고 주장했지만 미국 정부는 오펜하이머의 말을 전혀 듣지 않고 오히려 더욱 강력한 수소 폭탄도 만들라고 지시했는데, 오펜하이머는 이를 거부했어요. 오펜하이머는 '원자 폭탄의 아버지'라는 자신의 별명을 듣고 평생 괴로워했어요.

진실 혹은 거짓!

다음은 논란이 되었던 동물 실험 사례를 설명한 것입니다.
이 중 사실이 아닌 것은 무엇인가요?

1954년 구 소련의 의학자 데미코프는 강아지에 다른 강아지의 머리를 이식하는 실험을 했어요. 작은 개의 앞다리와 머리 부분만 잘라서 큰 개에 이식하는 방법으로 결국 머리 두 개 달린 강아지를 만들어 냈다고 해요.

1980년대 미국의 공군 기지에서는 원숭이들로 실험을 했어요. 원숭이들이 공군 폭격기와 유사한 장치에서 평형을 유지하도록 계속 전기 충격을 준 거예요. 이 과정에서 원숭이는 실험자가 원하지 않는 행동을 하면 전기 충격을 받고, 원하는 대로 했을 경우에는 간식을 받았대요.

2019년, 프랑스의 최대 사료 업체는 우유 생산량을 늘리기 위해서 살아 있는 젖소에게 구멍을 낸 뒤, 위장에서 직접 사료를 넣고 빼고 하는 실험을 했습니다. 구멍의 크기는 지름 15cm~20cm 정도였고, 구멍이 난 소의 피부는 빨갛게 짓물렀다고 해요.

이 글은 제 사견이지요. 남의 말을 믿지 말아요?

정답

과학자는 어떤 책임을 져야 할까?

4장
과학자의 탈을 쓴 기업

가짜 뉴스

고릴라 군인 사건은 정확히 한 시간이 지나자 거짓말처럼 뉴스에서 완전히 사라졌어요. 심지어는 가짜 뉴스라는 보도까지 나오기 시작하지 뭐예요.

더 놀라운 건 사건 현장이었어요. 부장님 앞에서 모처럼 어깨에 힘을 잔뜩 주고 칠칠 타워에 간 진달래가 77층 여자 화장실에 들어가 세면대를 밀었는데 꿈쩍도 않는 거예요.

더 힘을 주었더니, 그만 세면대가 와장창 부서져 버렸어요. 부장님은 한심한 눈으로 진달래를 보았어요.

"진달래 요원, 지금 힘자랑하나?"

"그게 아니고요……."

"자네의 미래를 생각해서 꾹 참고 여기까지 왔어. 그런데 정말 77층 건물에 78층이 있다고 생각하는 거야?"

"제 두 눈으로 똑똑히 봤다니까요. 그리고 부장님도 아까 영상 보셨잖아요?"

"그 가짜 영상?"

"가짜라니요?"

"가짜가 아니라면 다른 사람 눈에도 보여야 하지 않겠어? 그래도 내가 뽑은 수습 요원이라 내 책임이기도 해서, 혹시나 하고 여기까지 따라온 내가 바보네, 바보야."

진달래는 머리를 마구 쥐어뜯었어요. 그러다가 좋은 생각이 하나 떠올랐지요.

"아, 회장님! 칠칠 그룹 회장님도 보셨어요. 회장님한테 가 봐요!"

"그만해! 일을 더 벌이지 말라고!"

"회장님만 한 번 만나 보세요, 제발!"

진달래의 성화에 부장님은 회장실로 함께 갔어요. 그런데 이게 웬일, 회장님은 진달래를 본 적도 없다고 말하는 거예요. 회장님의 눈이 좀 멍해 보이는 게 아까와 전혀 다른 모습이었어요. 결국 진달래는 망신만 잔뜩 당한 후에 사무실로 돌아왔어요. 진달래는 문을 열자마자 케이에게 투덜거렸어요.

"박사님, 글쎄 칠칠 타워에 갔더니……."

"78층이 없어졌죠?"

"아니, 그걸 어떻게?"

인공 지능 제트가 인터넷에서 기사 제목을 보여 줬어요.

고릴라 군인을 만들고 있다는 가짜 뉴스에 속지 마세요.
해커들의 장난, 도를 넘다!

고릴라 군인이라는 가짜 뉴스까지 퍼뜨리다!
인터넷 문화 이대로 좋은가?

인기를 끌려고 가짜 뉴스를 마구 만들어 내다.
칠칠 그룹, 모 정보 기관 고소 검토.

정보 기관에서는 청소를 전담하는 직원의 장난이었다고 발표했다.

댓글은 더 심했어요.

snaw****
고릴라 군인? 왜 원숭이와 호랑이와 사자 군인도 만들지, 그래?

weli****
이거 만든 사람 이름이 민들레 뭐시기라던데? 한심, 또 한심.

qweu****
하여간 요즘 애들은 별짓을 다해!

znhf****
청소나 잘해!

"아니, 어떻게, 이럴 수가, 내가 억울해서…… 내가 청소 전담 요원이라니……."

진달래는 화가 나서 소리를 마구 질렀어요. 한참 후 울분을 토해 내어 힘이 쫙 빠진 진달래가 의자에 쓰러지듯 앉자 케이가 말했어요.

"우리가 옥토퍼스를 너무 쉽게 생각했군요."

"이제 어떻게 하죠?"

"불행 중 다행인 것은 옥토퍼스가 인공 지능을 이용해서 퍼뜨린 기사들에서 옥토퍼스의 흔적을 찾았다는 겁니다. 전에 하지 않던 실수를 한 걸 보면 옥토퍼스도 꽤 급했다는 뜻이지요."

"정말요? 그럼 빨리 정체를 밝혀요."

"아직 그 정도는 아닙니다. 아이피(컴퓨터 통신을 이용하여 여러 가지 정보를 수요자들에게 제공하는 사람이나 기업) 체계가 복잡하게 되어 있고 여러 경로를 거치게 해 놓아서 아무리 인공 지능 제트라도 시간이 꽤 필요합니다. 하지만 꼬리는 분명히 잡았습니다. 지금 제트가 열심히 작업하고 있는 중입니다."

진달래는 제트의 머리를 슬쩍 쓰다듬은 후 물었어요.

"그럼 이제 어떻게 하죠?"

"어떻게 하면 될까요?"

"그걸 왜 저한테 물어보세요?"

"정예 요원이라면서요?"

"아이 참, 솔직히 말할게요. 정예 요원까지는 아니에요."

"그럼 무슨 요원입니까?"

"그게요…… 사실 수습을 마친 지 얼마 안 되어서……."

"그럼 그렇지. 어쩐지 어설퍼 보이더라니."

"하지만 열정만큼은 정예 요원이라고요! 청소 담당은 제가 맡은 여러 임무 중 하나예요. 이번 기회에 제 실력을 보일 거예요. 도와주세요."

"사실 한 가지 알아낸 게 있기는 합니다만, 지금 진달래 요원 목소리 때문에 귀가 먹먹해서 말하기가 힘들군요. 잠깐 기다려 주세요."

 쓱쓱 깨끗의 비밀

"어서 말씀해 주세요! 저는 당장 출동할 준비가 되었어요."

"우선 앉아서 제 이야기부터 들으세요. 진달래 요원이 칠칠 타워에 가 있는 동안 우리는 옥토퍼스가 소유한 칠칠 그룹 소속 회사들을 조사했습니다. 분명히 문제가 발견되리라고 생각했습니다. 욕심 많고 못된 데다가 사회를 어지럽게 만드는 걸 즐기는 옥토퍼스가 일반적인 방법으로 회사를 성장시키지는 않았을 테니까요. 분명히 부당한 방법을 썼을

테고 어디엔가 흔적이 나타날 거라고 봤죠. 과연 그렇더군요. 제트, 조금 전까지 조사하던 걸 보여 줘."

제트가 화면을 띄웠어요. 병원 이름이 줄줄이 나오고 그 옆에는 숫자가 적혀 있었어요.

"이게 뭐죠? 우리나라에서 유명한 대학 병원들이잖아요."

"맞습니다. 그 옆 숫자는 뭘까요?"

"글쎄요. 병원 면적? 주소?"

"이건 치명적인 호흡기 질환으로 입원한 환자들 수입니다."

"으악! 저렇게나 많아요? 요즈음 감기가 유행인가요?"

"감기가 아니라 유해한 기체를 마시고 입원한 사람들입니다. 대부분은 위중합니다. 자, 제트, 이제 진달래 요원에게 힌트를 줘 봐."

케이가 제트의 머리를 툭 건드렸어요. 제트는 사람처럼 몸을 일으키더니 개다리춤을 추며 노래를 불렀어요.

"쓱쓱 문지르면 뭐든지 다 깨끗 깨끗!"

진달래는 흥얼거리다가 함께 따라 불렀어요.

"저 노래, 저도 알아요. 뭐든지 다 닦아. 쓱쓱 문지르면 뭐든지 다 깨끗 깨끗! 이 노래는 대히트를 친 청소용품 '쓱쓱깨끗' 광고 노래잖아요. 정말 성능이 대단하더라고요."

"여기서 퀴즈! '쓱쓱깨끗'은 어느 회사 제품일까요?"

가습기 살균제 사건

진달래의
정보 파일

가습기 살균제는 가습기 속 세균과 물때를 없앨 목적으로 만든 소독제예요. 2011년, 서울의 한 병원에서 원인을 알 수 없는 폐질환으로 임산부들이 사망하자, 질병관리본부(현 질병관리청)에서 역학 조사를 시작했어요. 그 결과 2006년부터 아이들이 비슷한 증세로 사망했다는 것을 알아냈지요.

환경보건시민센터 보고서를 보면 2017년 말까지 가습기 살균제의 피해 신고자는 6000여 명이나 되는데, 그중 1300여 명이 죽고, 나머지는 폐질환 등을 얻었어요. 가습기 살균제의 원료 중 몇 가지는 이미 해롭다는 점이 알려져 다른 나라에서는 독성 물질로 분류되거나 사용이 제한되어 있었어요. 그런데 우리나라에서는 이런 성분을 가습기 살균제로 이용하는 게 허용되어 있었고요. 옥시나 SK케미칼 등의 회사에서는 이 점을 이용해 가습기 살균제의 성분이 안전하다고 표시한 채 제품을 만들었지요. 이 사건은 언론에 크게 다루어지면서 검찰 수사가 이루어졌고, 최대 가해 업체인 옥시는 사건이 드러난 지 5년 후에야 공식 사과를 했어요.

숫자로 본 가습기 살균제 참사

15명 — 사법 처리된 관련자 수, 현재는 11명이 교도소에 수감 중이다.

18년 — 가습기 살균제 판매 기간. 2011년 판매 중단 때까지 18년간 43종류 998만 개가 팔렸다.

43개 — 환경보건시민센터가 파악한 시중에서 판매된 가습기 살균제는 모두 43개 제품이다.

798명 — 정부가 인정한 가습기 살균제 피해자 수

1386명 — 사망 피해 신고자 수, 전체 피해 신고자는 6309명이다.

49만~53만명 — 가습기 살균제를 사용하다 병원 치료를 받거나 건강 이상을 느낀 피해자 수 추산

(도움말: 최예용 사회적 참사 특조위 부위원장, 환경보건학 박사)

"그거야 칠칠 화학. 어머나! 그러면 저 환자들은?"

"맞아요, 불행하게도 '쓱쓱깨끗'을 쓰고 난 뒤 호흡기에 문제가 생긴 사람들입니다."

"이럴 수가. 저도 '쓱쓱깨끗'을 썼는데……. 그럼 저도 병에 걸리는 건가요?"

"다 그런 건 아닙니다. 사용량에 따라 다릅니다. 하지만 사람에게 유해한 성분이 들어 있는 건 분명합니다."

"믿을 수가 없어요. 저 환자들이 정말 '쓱쓱깨끗' 때문에 병에 걸린 거예요?"

"제트를 통해 병원 기록을 해킹한 뒤, 환자와 의사가 나눈 대화를 살폈습니다. 저 환자들에게는 공통점이 있는데 모두 청소를 좋아하거나 평소에 호흡기가 약한 사람들이었어요. 그리고 한 사람도 빠짐없이 '쓱쓱깨끗'을 자주 사용했더군요."

"그럼 이번에도 현장 조사를 해야겠네요."

케이와 진달래, 제트는 서둘러 아쎄다 대학 병원 중환자실 앞에 도착했어요.

진달래가 케이에게 물었어요.

"그런데 왜 하필 아쎄다 대학 병원이지요? 제 기억으로는 환자 수가 제일 적었던 것 같은데요."

"의외로 기억력이 좋네요. 제가 왜 이곳으로 왔을까요?"

질문은 진달래가 했는데, 케이는 대답 대신 또 다른 질문을 던졌어요. 진달래가 제일 싫어하는 사람이 바로 질문을 많이 하는 사람이에요. 하지만 진달래는 꾹 참기로 했어요. 어쨌든 케이는 과학자이고 자신은 도움을 받아야 할 처지니까요.

"그건…… 혹시 아는 의사가 있나요?"

"제가 아는 의사가 한둘인 줄 아십니까? 의학에도 관심이 많아 의사들과 자주 토론을 한답니다. 그 이유라면 우리나라 모든 병원을 다 방문해야 할 겁니다."

"하여간 재수……."

"네?"

"아닙니다. 그러면 혹시 거리가 가까워서?"

"비슷해요."

"예?"

생각이 나지 않아서 그냥 막 던진 말인데 비슷하다니. 그러다 뭔가 생각난 듯 진달래는 손을 번쩍 들고 말했어요.

"칠칠 그룹에서 가장 가까운 곳에 있는 병원이네요."

"맞습니다. 그래서요?"

"네?"

"그래서 그게 무슨 뜻이냐고요?"

진달래는 무릎을 꿇고 두 손을 높이 들었어요.

"몰라요, 몰라. 항복입니다, 항복. 질문하면 그냥 대답해 주시면 안 될까요? 자꾸 되묻지 마시고요!"

제트가 크크크 웃은 후 3차원 입체 영상을 재생했어요. 영상 속의 장소는 진달래가 서 있는 바로 그 자리였어요.

잠시 후 한 사람이 나타났어요. 모자를 깊게 눌러 써서 얼굴은 잘 보이지 않았어요. 그런데 행동이 조금 이상했어요. 중환자실을 바라보며 고개를 숙이고 있는 것 아니겠어요? 뭔가 깊은 생각에 빠져 있는 듯한 분위기였어요.

"이 호흡기 질환이 칠칠 화학의 '쓱쓱깨끗'과 관련이 있는 것은 분명합니다. 하지만 칠칠 화학을 뒤져도 관련되었다는 증거는 전혀 나오지 않을 거예요. 옥토퍼스의 지시 하에 이미 다 없애 버렸겠지요. 그래서 여러 병원의 중환자실 앞을 찍은 영상을 보고 있었습니다. 그런데 바로 이 사람이 걸린 겁니다."

"이 사람한테 무슨 문제라도?"

"이 사람은 환자 가족도 아닌데 매일 병원에 찾아왔습니다. 그 이유가 뭘까요?"

"아, 몰라요. 궁금해 죽겠으니까 그냥 빨리 얘기해 주시면 안 되나

요? 전 머리 쓰는 건 딱 질색이거든요."

"아니, 정보부 요원이 머리 쓰는 게 싫다고 하면……."

"그냥 얘기해 주세요!"

"옷차림으로 봐서 칠칠 화학 직원인 게 분명해요. 비록 내부 고발자가 될 용기는 없지만 피해자들한테 죄책감을 느껴서 매일 찾아오는 것 같아요."

"그럼?"

"그를 조용히 설득해서 증거를 확보하고 역습하지 못하게 완벽하게 준비한 후, 그걸로 옥토퍼스를 공격하는 거예요."

내부 고발자

내부 고발자는 영어로 '휘슬 블로어', 즉 호루라기를 부는 사람이라는 뜻이에요. 자신이 속해 있던 조직이 나쁜 짓을 하면 그것을 모른 체하지 않고 공익을 위해 널리 알리지요. 내부 고발자들은 조직 사람들에게 '배반자'라는 비난을 받으며 자신의 지위나 돈을 잃게 되는 경우가 대부분이고, 때로는 안전을 위협받기도 해요. 의약품 회사의 부정이나 검사 결과 조작 등은 전문가가 아니면 알기 힘들기 때문에 내부 고발이 꼭 필요해요. 그래서 최근에는 이런 내부 고발자를 보호하는 법이 제정되기도 했어요.

남아 있는 양심

그날 밤 늦은 시간, 영상 속 그 남자가 또 병원으로 찾아왔어요. 진달래는 혼자서 수십 번 연습했던 대로 조용히 남자에게 다가갔어요. 진달래는 낮은 목소리로 말했어요.

"이봐요, 난 당신이 한 일을 다 알아요. 그러고도 당신이 무사할 줄 알았어요?"

깜짝 놀란 남자는 재빨리 도망쳤어요. 다행히 케이와 제트가 문앞을 가로막고 있었지요. 케이가 말했어요.

"놀라셨다면 죄송합니다. 저분의 행동에 대해서는 제가 사과를 드리겠습니다."

남자가 모자를 눌러 쓰며 말했어요.

"정말 깜짝 놀랐어요. 사람을 갑자기 범죄자 취급…… 아니, 갑자기 다가와서는……."

"나쁜 분이 아닌 것 다 압니다."

"그렇죠? 저는 절대 나쁜……."

"일단 이쪽으로 오시죠."

케이는 남자와 함께 병원 밖 으슥한 곳으로 갔어요.

"왜 이런 데로……. 그런데 누구세요?"

"그건 조금 있다가 말하기로 하지요. 여기는 감시 카메라가 없는 유일한 장소입니다."

"아, 글쎄 저는 나쁜 사람이……."

"예, 압니다. 비밀은 철저히 보장해 드리겠습니다. 관련된 정보만 주시면 그다음부터는 아는 척도 안 하겠습니다."

남자는 한숨을 크게 내쉬더니 입을 열었어요.

"다 아는 거 같고 나쁜 사람들 같지도 않으니 부탁할게요. 비밀은 정말 지켜 주시는 거죠? 저에게는 죄가 없어요. 그저 시키는 대로 했을 뿐입니다."

"알았으니까 증거나 주세요."

남자는 품 안에서 유에스비를 꺼내 진달래에게 건넸어요. 제트는 유에스비를 코에 꽂고 3차원 입체 영상으로 재생했어요.

"와, 이거 첨단 기술이네요. 제가 알기로는 세계에서 오직 케이 박사님만이……. 앗! 그러면 당신이? 이거, 영광입니다!"

케이가 손가락을 입에 댔어요.

"쉿! 지금은 영상부터 확인합시다."

남자가 건넨 유에스비에는 두 개의 자료가 있었어요. 하나는 남자가 쓴 논문이었어요. '쓱쓱 깨끗의 장점과 단점'이라는 제목이었지요. 알고 보니 남자는 칠칠 화학의 연구원이었던 거예요.

"사실 '쓱쓱깨끗'은 다른 제품을 개발하려다가 실수로 탄생한 거예요. 그런데 써 보니 성능이 엄청 좋아서 다들 흥분했어요. 조금만 써도 더러운 곳이 완전히 깨끗해졌으니까요. 우리 기획실장님은 대박, 대박을 외치며 당장 저에게 포상금을 지급하려고 했어요."

"그랬는데요?"

"무척 기뻤지만 사실 마냥 좋아할 수는 없었어요. 몇 차례 테스트를 해 봤더니 유해한 기체가 나왔거든요. 자주 사용하지 않으면 별 문제 없지만 과다하게 쓰면 치명적일 수도 있는 기체였어요. 과학자의 양심으로 차마 숨길 수가 없어서 논문을 썼답니다. 기획실장님한테 이 논문을 보고했더니 알았다고 하시더군요. 제품은 보류하지만 포상금은 준다고. 노력은 인정받아야 한다면서요. 참 괜찮은 분이지요?"

"하던 말이나 계속하세요."

"그런데 포상금을 받은 얼마 후 티비 광고가 시작된 거예요. 왜 그 노래 있지요? 뭐든지 다 닦아. 쓱쓱 문지르면 뭐든지 다 깨끗 깨끗……."

노래가 흥겨워서 하마터면 진달래는 개다리춤을 출 뻔했어요. 진달래는 간신히 참은 뒤에 말했어요.

"그래서 어떻게 했나요? 기획실장님한테 따졌나요?"

"따지다니요? 기획실장님이 얼마나 좋으신 분인데……. 바로 상의를

드렸지요. 혹시 문제가 없는지, 저한테 불똥이 튀지는 않는지 말이에요. 그게 바로 이 영상이에요."

"기획실장님과 이야기를 나누는 장면이로군요."

"혹시 몰라 몰래 촬영을 했어요. 거듭 말하지만 사실 저한테는 잘못이 별로……."

"그런데 저 사람이 바로 기획실장입니까?"

"네, 아직 젊은 분인데 참 훌륭해요."

영상을 보던 케이가 화면을 가리키며 "잠깐만!"을 외쳤어요. 제트는 곧바로 케이가 가리킨 곳을 확대했지요.

"이것은……?"

기획실장의 옷에 아주 작은 배지가 달려 있었어요. 그 배지는 바로 문어 모양이었지요.

"사실 우린 그냥 기획실장님으로 부르는데, 말도 안 되는 소문이 하나 있었어요. 실은 이 기획실장님이 회사를 세운 사람이라는 소문이죠. 넌지시 물어봤더니 기획실장님은 그러면 자기가 회장을 하지, 왜 기획실장을 하고 있겠냐면서……."

케이는 연구원에게 고맙다는 인사와 함께 가도 좋다고 했어요. 연구원은 자리를 떠나며 몇 번이나 부탁했어요.

"정말 비밀은 지켜 주시는 거죠?"

 ## 옥토퍼스는 누구?

정보부로 돌아온 케이는 제트에게 아이피 추적 결과부터 물었어요.

"드디어 다 풀었습니다. 발신지는 칠칠 그룹 60층, 칠칠 화학 기획실이네요. 등잔 밑이 어둡다더니……."

"칠칠 그룹 소유주인 옥토퍼스가 직원으로 일하고 있을 줄이야. 대단한 전략이네요. 이제 부장님한테 보고할까요?"

케이가 고개를 저었어요.

"그랬다가는 고릴라 군인 때와 똑같은 일이 벌어질 겁니다. 상대는 강적이에요. 철저하게 증거를 확보하고 옥토퍼스의 신원도 완벽하게 확인한 뒤에 세상에 알려야 합니다. 그러니까…… 제트, 무슨 일이지?"

갑자기 제트가 몸을 부르르 떨더니 그대로 쓰러졌어요. 하지만 더 놀라운 일은 그다음이었어요. 창고 문이 활짝 열리더니 부장님이 나타났어요. 부장님 뒤에는 총을 든 다른 요원이 있었고요.

"케이 박사님과 진달래를 체포합니다. 국내외에서 각종 테러를 일으킨 테러범이라는 사실이 밝혀졌습니다."

"부장님, 이게 무슨……."

"어서 체포해. 이자들은 위험한 테러범이다!"

 토론왕 되기!

잘못된 연구 결과로 만든 물건 때문에 사람들이 피해를 본 일이 있을까?

1957년 10월, 서독에서는 '콘테르간'이라는 이름의 수면제가 나왔어요. 제약 회사는 부작용이 없는 기적의 약이라 선전했고, 입덧 치료제로도 효과가 있어 많은 임산부들이 이 약을 먹었어요. 그러나 얼마 지나지 않아 독일에 팔과 다리, 귀가 없거나 짧은 상태로 태어나는 기형아의 수가 급증했어요. 알고 보니 이 콘테르간의 성분인 탈리도마이드가 원인이었지요. 1961년, 독일에서는 탈리도마이드 판매가 금지되었고, 1년 후에는 전 세계에서 판매가 금지되었어요. 약의 부작용으로 전 세계에서 12000명이 넘는 탈리도마이드 베이비가 태어났으며, 미처 태어나지 못하고 죽은 아기는 셀 수 없었다고 해요.

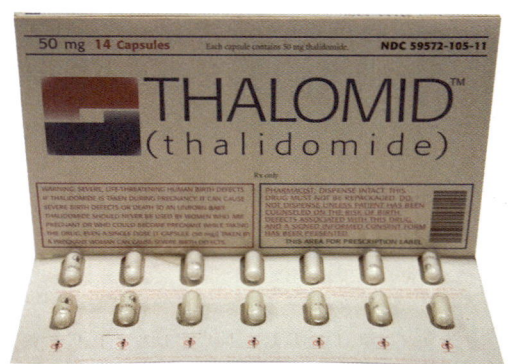
기형아를 낳게 한 탈리도마이드

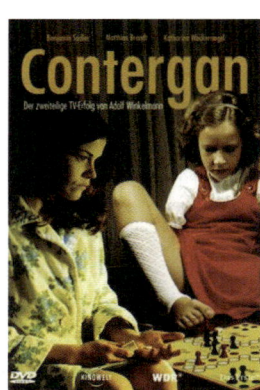
2007년 탈리도마이드 피해자를 소재로 만든 영화 포스터

과학자 덕분에 기업의 잘못된 연구 결과를 바로잡은 일이 있을까?

탈리도마이드 사건은 의학계와 과학기술계의 비극적인 사건이었어요. 하지만 이 사건이 더 커지지 않도록 막은 데는 역시 과학자가 큰 역할을 했답니다.

당시 탈리도마이드는 미국에서는 팔리지 못했는데, 바로 미국 FDA(식품의약국)의 약리학자인 프랜시스 켈시 덕분이었어요. 켈시는 연구원으로서 탈리도마이드의 분석 보고서가 미덥지 않다고 생각했어요. 그래서 다른 임상 실험을 보충해 올 것을 끊임없이 요구했지요.

세계적인 제약 회사였던 그뤼넨탈은 여러 경로로 프랜시스 켈시를 압박하며, 판매 허가를 내 달라고 계속 요청했어요. 하지만 켈시는 자신의 뜻을 굽히지 않았어요. 만약 이 약이 미국에서 판매되었더라면, 이 약의 희생자는 몇 배나 더 늘어났을 거예요.

사실 모든 약물에는 부작용이 있어요. 하지만 일반인들은 그 사실을 잘 알 수 없지요. 과학자들이나 관련 연구자들이 책임감을 갖지 않는다면, 부작용은 오롯이 일반인들이 감당할 수밖에 없어요.

4장 과학자의 탈을 쓴 기업

암호를 풀어라!

쓱쓱깨끗 때문에 화가 난 케이와 제트는 칠칠 기업의 컴퓨터를 해킹했어요. 그리고 칠칠 기업과 관련된 모든 직원의 모니터 화면에 아래와 같이 알 수 없는 기호를 띄웠지요. 진달래가 암호를 풀지 못해 쩔쩔매자, 제트는 암호 풀이 종이를 진달래에게 건네 주었어요. 아래의 힌트를 보고 직접 풀어 보세요.

힌트

가:☆ 같:♠ 과:ə 기:우 는:∞ 다:⊇ 리:↑
무:▨ 와:☥ 없:Å 윤:▼ 자:■ 적:◇ 표:▧ 학:∫

정답: 윤리가 없는 과학자는 표도 없고 기도 없다.

5장 과학이 가야 할 길

 눈으로 보아도 믿을 수 없는 것들

케이와 진달래와 인공 지능 제트는 13층의 심문실에 갇혔어요. 진달래는 큰 소리로 말했어요.

"부장님, 저 완전 억울해요. 제발 풀어 주세요!"

"조용히 좀 해. 지금 네가 얼마나 큰 죄를 지은 줄 알아?"

"오해라니까요, 오해!"

부장님이 주위를 살피더니 진달래의 귀에 속삭였어요.

"나도 알아, 자기 앞가림도 못하는 네가 무슨 테러범이냐? 하지만 너랑 케이 박사님이 함께 테러를 계획하고 일으켰다는 증거가 너무 뚜렷해. 동영상만 해도 수십 개야."

"박사님, 그냥 여기서 확 탈출할까요? 뾰족한 수가 없으면 도망가는 게 최고예요."

부장님이 깜짝 놀라 진달래의 입을 막았어요.

"너 미쳤냐? 도망? 완전히 범죄자의 길로 들어서고 싶어?"

"그럼 어떻게 해요? 평생 감옥에서 살란 말이에요?"

"나도 널 믿어. 특별 검사가 오기 전까지 30분 정도 시간이 있으니까 그동안에 케이 박사님이랑 어떻게 좀 해 봐. 마지막 기회라고."

부장님은 그렇게 진달래를 다독이고는 밖으로 나갔어요.

"박사님, 이제 어쩌죠? 그리고 제트는 도대체 왜 저래요?"

5장 과학이 가야 할 길

케이가 정신을 잃고 쓰러진 제트를 쓰다듬으며 말했어요.

"우리가 추적하는 걸 알아챈 옥토퍼스가 선수를 친 거예요. 제트를 장악해서 정보를 다 빼 간 거지요."

"아무리 그렇다고 해도 동영상은 다 뭐예요? 제가 파리랑 런던에 있었다니. 사실 저는 여권도 없다고요."

케이가 고개를 푹 숙이고는 사과했어요.

"진달래 요원, 미안해요. 제가 강연차 해외에 갔을 때의 영상이에요. 그걸 교묘하게 조작한 것 같아요."

"박사님이 왜 미안해요? 나쁜 놈은 옥토퍼스인데."

"미안할 일이 또 있어요. 옥토퍼스가 우리를 잡는 데 사용한 테러범 색출 프로그램은…… 사실 제가 만든 거예요."

"네?"

"제가 은둔 생활을 시작한 이유 중 하나가 사실 이 프로그램 때문입니다."

"도대체 무슨 소린지 알아듣게 이야기 좀 해 주세요."

"정부의 의뢰를 받고 테러범 색출 프로그램을 만들었어요. 하지만 너무 완벽하게 만드는 바람에…… 그러니까 자료를 광범위하게 검색할 수 있게 만든 바람에, 사용하는 사람이 마음을 나쁘게 먹으면 증거를 조작해 멀쩡한 사람을 테러범으로 만들 수도 있게 되었지요. 그래서 저는 폐기를 주장했는데 정부에서는 그럴 수 없다고 하더군요."

"옥토퍼스가 정부 시스템을 해킹한 거군요."

진달래는 한숨을 쉬다가 자리에서 벌떡 일어났어요.

"하지만 박사님이 만들었으면 박사님이 올바로 되돌릴 수도 있는 거 아니에요?"

"인공 지능 제트의 도움 없이는 불가능해요."

진달래의 정보 파일

컴퓨터 영상 조작

컴퓨터 그래픽 기술의 수준이 높아지면서 영상 조작이 많은 문제가 되고 있어요. 얼마 전까지만 하더라도 일단 카메라에 찍히면 누구도 그 앞에서 거짓말을 하지 못한다는 것이 일반적인 생각이었지요. 그러나 최근에 가상 현실을 비롯한 다양한 컴퓨터 그래픽 기술이 발전하면서 이런 기술이 범죄에 악용되는 경우가 생겼어요. 음란물 영상 등에 등장하는 사람의 얼굴을 교묘하게 합성해서 배포하거나, 범죄의 결정적인 단서가 되는 영상을 조작하는 등 날로 그 수법이 다양해지고 있지요. 일반인은 이렇게 조작된 영상들을 판독할 수 없기 때문에 최근에는 범죄 영상 분석가라는 직업이 생기기도 했어요.

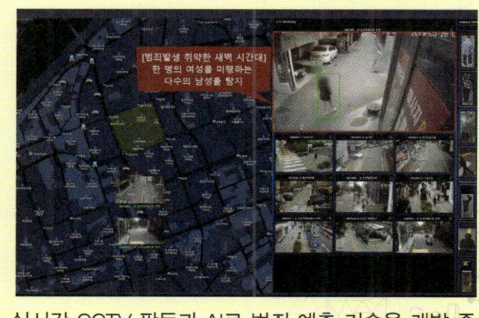

실시간 CCTV 판독과 AI로 범죄 예측 기술을 개발 중
ⓒ한국전자통신연구원

"고릴라 군인 사건을 해결할 때만 해도 이렇게 될 줄은 정말 몰랐는데. 우리 제트, 머리에서 스몰 제트를 꺼내면서 했던 말이 정말 멋있었는데……."

"진달래 요원님, 지금 뭐라고 했지요?"

케이가 그 자리에서 펄쩍 일어나다가 낮은 천장에 머리를 박았어요. 굉장히 아파 보였지만 케이는 웃고 있었어요.

"바로 그거예요. 스몰 제트! 내가 왜 그 생각을 못했지?"

"무슨 생각이요?"

"스몰 제트는 독립된 또 다른 인공 지능이에요. 외부로 나오기 전에는 아무도 존재를 알아챌 수 없지요."

"그 말은…… 스몰 제트는 멀쩡하다는 말씀?"

"맞아요!"

눈에는 눈, 이에는 이

케이는 기절한 제트 머리를 눌러 스몰 제트를 꺼냈어요. 스몰 제트를 이리저리 만졌더니 노트북으로 바뀌었어요.

"아까는 작은 벌이었는데."

"스몰 제트는 수백 가지로 형상 변환이 가능하답니다. 게다가 사람이 원하는 것들을 곧바로 구현해 주지요. 즉, 사람의 능력과 감성을 그대로 살린 인공 지능이라는 말씀. 자세한 설명은 나중에 할게요."

케이는 노트북을 앞에 놓고 손을 빠르게 움직였어요.

"이놈의 옥토퍼스, 나를 막아 보겠다? 이번엔 어림없지!"

"박사님, 서둘러요! 이제 5분밖에 안 남았어요."

"5분이요? 충분합니다. 두 번, 세 번도 할 수 있다고요!"

케이의 눈이 반짝반짝 빛나기 시작했어요. 모르긴 몰라도 잘되어 가고 있나 봐요.

1분 뒤 케이가 키보드에서 손을 떼며 외쳤어요.

"다 됐습니다. 이제 옥토퍼스는 끝입니다!"

바로 그때 방 밖에서 휴대 전화 알림 소리가 들리기 시작했어요. 흥분한 부장님이 문을 열고 들어와 외쳤어요.

"긴급 알림 문자가 도착했어요. 제목은 칠칠 화학 기획실장 옥토퍼스가 범인이다! 아, 그리고 동영상도 잔뜩 첨부되어 있네요. 자, 모두들 칠칠 화학으로 출동!"

"박사님, 도대체 어떻게 한 거예요? 혹시 옥토퍼스가 또 반격하는 것은 아니겠지요?"

"이번에는 그럴 수 없을 겁니다."

케이는 이제 다시 정신을 차린 제트의 목을 쓰다듬었어요. 제트는 케이가 작업한 내용들을 3차원 영상으로 보여 주었어요. 고릴라 군인들을 만드는 과정을 보고 있는 옥토퍼스, 연구원과 대화를 하고 있는 옥토퍼스, 테러 계획을 짜고 있는 옥토퍼스의 모습 등을 말이에요.

케이가 말했어요.

진달래의 **정보 파일**

인공 지능의 다양한 쓰임새

인공 지능은 쉽게 말하면 사람처럼 배우고, 추측하고, 이해할 수 있는 능력을 컴퓨터 프로그램으로 실현한 기술을 말해요. 따라서 인공 지능 그 자체로 존재하는 것이 아니라 컴퓨터 과학의 다양한 분야들과 합쳐져서 그 기능을 발휘하지요.

예를 들어 인공 지능을 활용한 통역기를 개발하는 단계를 넘어서면 컴퓨터가 프로그래밍 언어 없이 사람과 직접 대화를 하며 문제를 풀어 나갈 수도 있을 거예요. 또 의사만이 할 수 있었던 질병의 진단이나 수술 등도 인공 지능을 통해 할 수 있고, 영상을 통해 상황을 판단하여 그때그때 알맞은 조치를 취할 수도 있게 되지요. 최근에는 인공 지능을 사용하여 그림을 그리거나 음악을 작곡하는 일도 있어요.

"스몰 제트의 시스템을 통해 옥토퍼스의 비밀 컴퓨터를 찾아냈어요. 옥토퍼스는 자신이 했던 일을 모두 저장해 뒀더군요. 스몰 제트를 통해 자료를 다 빼낸 뒤에 옥토퍼스에게 특별한 표식을 붙였어요. 옥토퍼스가 컴퓨터에 손을 대기만 하면 작동이 멈추어 버리는 표식이지요. 스몰 제트 말고는 그 어느 시스템도 이 표식을 없앨 수는 없지요."

닥터 케이의 선택

그 뒤로 며칠, 케이와 진달래는 정신없이 바빴어요. 둘은 옥토퍼스를 심문하는 자리에 참석했고, 옥토퍼스가 체포되자 사건에 대해 궁금해하는 사람들을 위해 특별 강연회를 열었어요.

케이는 인공 지능 제트를 이용해 사건의 시작부터 끝까지 하나도 빼놓지 않고 설명했답니다. 배가 홀쭉해졌다든지, 강아지가 웃었다든지 하는 사건들도 모두 옥토퍼스의 실험을 위한 준비 작업이었다는 것이 밝혀졌죠. 사람들은 고릴라를 고문해 군인으로 만드는 장면에 특히 경악했어요. 케이는 거기서 멈추지 않았어요. 과학에 몰두하다가 자신이 저지른 잘못들도 솔직히 고백해 사람들의 박수를 받기도 했지요.

혼을 쏙 빼놓은 며칠이 흐르자 케이와 진달래는 좀 한가해졌어요.

"이제 사건도 모두 해결되었으니 저는 조용히 산속으로 돌아가야겠군요."

"예? 또 산속으로 돌아간다고요? 그게 무슨 말씀이에요? 우리 둘이 해결해야 할 사건이 아직도 많다고요."

"말씀은 고맙습니다만 돌아가야지요. 이제 회사에서도 완전히 손을 뗐습니다. 제가 번 돈은 몽땅 과학 재단에 기부했습니다. 과학 재단이 잘 돌아간다면 더 이상 저는 필요하지 않을 겁니다."

진달래가 큰 소리로 외쳤어요.

"안 돼요. 말을 안 해서 그렇지 제가 박사님을 얼마나 존경한다고요. 그리고 도피는 좋은 수단이 아니에요. 힘들다고 등을 돌려 버려요? 그건 능력 낭비라고요! 비겁함이라고요!"

케이는 빙긋 웃으면서 진달래에게 질문했어요.

"제가 왜 진달래 요원을 돕기로 결심했는지 아십니까?"

"그건? 제가 워낙 설득을 잘해서?"

"아닙니다. 설득 능력은 그야말로 꽝이었습니다. 괜히 사람들을 설득하려고 노력하지 마세요."

"그럼 추진력? 과감성? 혹시 목소리가 커서?"

케이는 고개를 저은 후 제트에게 말했어요.

"사진을 보여 줘."

진달래는 깜짝 놀라 외쳤어요.

"아니, 저건…… 저 아니에요?"

진달래를 꼭 닮은 여성이 웃고 있는 사진이었어요. 사진을 자세히 본 진달래는 비로소 자신과는 다른 사람이라는 걸 알아챌 수 있었어요.

"제 동생 에프입니다. 진달래 요원이랑 참 비슷하죠?"

"그러네요. 모르는 사람이 보면 쌍둥이인 줄 알겠어요."

"물론 성격과 능력은 완전히 딴판입니다. 누구에게나 호감을 주는 부드러운 성품에 똑똑하고 목소리도 예뻤지요. 매너도 훌륭했고요. 그런데 이제는 만날 수 없습니다."

"예? 왜요?"

"드론 테러 때 쇼핑몰에 있었습니다. 제 생일 선물을 사러 갔다가 그곳에서……."

진달래는 손으로 입을 막았어요. 케이에게 그런 슬픈 일이 있었는지 전혀 몰랐어요.

"박사님은 피해자이기도 하셨군요."

"그렇지요. 가해자이자 피해자인 셈이지요."

잠깐 아무 말도 하지 않고 있던 진달래는 갑자기 오래된 청소 도구함을 활짝 열었어요. 그곳에서 파일들이 잔뜩 쏟아져 나왔어요.

"이건 환경 사건 관련 파일들이에요. 사실 제가 환경에 관심이 많거든요. 자, 이 파일을 한번 보세요. 돌고래가 날카로운 플라스틱에 찔려 피가 나고 있지요? 여기도 보세요. 바다 한가운데 쓰레기 섬이 있지요? 조직적으로 쓰레기를 버리는 집단이 있다는 보고가 있어요."

"지금까지 제가 한 말 못 들으셨습니까? 저는 산속으로 돌아간다니까요."

"박사님!"

진달래가 또다시 기차 화통 소리를 내는 바람에 건물이 살짝 흔들렸어요. 일어났다가 깜짝 놀라 다시 자리에 앉게 된 케이에게 진달래가 침을 튀겨 가며 말했어요.

"박사님이 산속으로 가려는 마음은 저도 이해해요. 과학 때문에 온갖 일을 겪으셨으니 혼자 있고 싶겠지요. 하지만 박사님이 없으면 세상은 어떻게 되겠어요? 또 다른 옥토퍼스가 다시 나오지 말란 법이 있나요? 과학기술이 가끔은 나쁘게 쓰이기도 하지만, 그래도 저는 믿어요. 박사님의 과학이 이 세상을 더 좋게 바꾸리라는 것을! 동생 분도 아마 박사님의 그런 모습을 보고 싶어 할 거라는 것을! 아시겠어요?"

케이의 얼굴에 진달래의 침이 그야말로 세수한 것처럼 잔뜩 튀었어요. 제트가 노래를 흥얼거리며 얼굴을 닦아 주었지요.

"뭐든지 다 닦아. 쓱쓱 문지르면 뭐든지 다 깨끗……."

케이와 진달래가 동시에 제트를 보며 외쳤어요.

"제트, 더 이상 농담 못하게 만들어 버린다!"

잠시 후 케이는 진달래에게 말했어요.

"알겠습니다. 대신 조건이 하나 있습니다!"

"말씀만 하세요!"

"이 방을 계속 사무실로 쓰고 싶습니다. 대신 청소는 좀 해 주세요. 거미는 딱 질색이니까."

진달래가 두 손을 번쩍 들며 외쳤어요.

"박사님, 만세! 만세! 만세!"

"누가 보면 노벨상이라도 받은 줄 알겠습니다."

케이는 손을 흔들고 고개를 저으며 진달래를 말렸어요. 진달래가 자리에 앉자 박사님은 제트의 머리를 살짝 눌렀어요.

"아까 그 돌고래와 쓰레기 섬 말인데요, 사실 제가 환경에 관심이 무척 많답니다. 그래서 돌고래를 원격 치유하는 기술, 그리고 쓰레기를 빠르게 분해하는 기술을 이미 개발해 놓았지요. 이제까지는 실험만 했는데 한번 써 보기로 하지요. 그리고 바다에 쓰레기를 몰래 버리는 집단 말인데, 그것도 조사했답니다. 이놈들의 이름은 흑도적으로, 머리에 검은 고래가 그려진 두건을 쓰고 있지요. 그게 말이나 됩니까? 고래를 무시해도 정도가 있지."

진달래는 신이 나서 외쳤어요.

"박사님, 대단하시네요. 그럼 이번에는 흑도적을 잡으러……."

케이와 제트는 벌써 사라지고 없었어요. 진달래는 계단을 빠르게 뛰어오르며 외쳤어요.

"박사님, 좀 같이 가요! 제발!"

과학의 윤리적 문제

과학은 객관적인 사실을 연구하는 학문이에요. 그래서 많은 사람들이 과학에 '윤리적 문제'는 없다고 생각해요. 하지만 과학기술이 발전하면서 생각지 못한 문제들이 발생했고, 방송이나 기사를 통해 널리 알려지게 되었어요.

첫 번째는 정부가 주도한 인체 실험이나 유전 공학, 동물 복제와 인간 복제 등 인권이나 동물권을 무시했던 연구들이 있어요. 또 정부에서 정책을 세우거나 기업에서 사업을 진행할 때, 과학자들의 연구 결과를 조작하거나 무시하면서 생겼던 문제들이 있지요. 또 과학자들의 연구 결과를 어느 한쪽의 이익을 위해서만 사용한 일도 있었어요.

두 번째는 과학자들의 연구 자체에서 생기는 윤리 문제예요. 다른 사람의 연구를 베끼거나, 관련된 법률을 어기거나, 연구 결과를 조작하거나, 연구비를 빼돌리거나, 후배의 연구를 가로채는 등의 문제가 발생하지요.

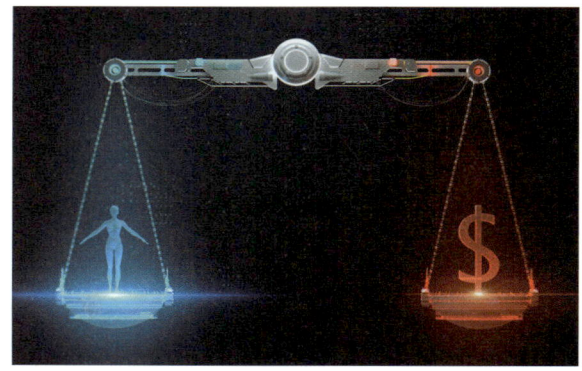

과학자들이 가져야 할 윤리 의식은 뭘까?

과학 연구에서는 약간의 거짓말도 사회적으로 큰 영향을 줄 수 있어요. 뿐만 아니라 과학 자체에 대한 의심이 생길 수 있지요. 과학자도 결국은 인간이기 때문에 끊임없이 스스로 점검하고, 일반인보다 훨씬 더 투철한 윤리 의식을 가져야 해요.

과학자들이 가져야 할 가장 큰 세 가지 윤리 원칙은 정직성, 신중성, 개방성이에요. 과학자는 모든 연구 과정을 정직하게 진행해야 하며, 연구를 할 때 신중해야 해요. 편견이나 실수 때문에 잘못된 결과가 나오면 안 되니까요. 또 과학자는 다른 과학자가 자신의 연구를 검토할 수 있게 연구 방법이나 결과, 기술 등을 개방해야 해요. 그 밖에도 동료 과학자의 공로를 인정해 주고, 실험 대상을 존중할 의무도 있어요.

일반인들은 과학자가 아니기 때문에 문제의식을 가질 필요가 없다고 생각하기 쉬워요. 하지만 과학기술에 많은 부분을 기대어 살아가고 있는 이상, 우리에게도 주어진 의무가 있어요. 과학이 어떻게 비윤리적으로 이용될 수 있는지를 잘 알고, 과학이 사회적으로 어떤 책임이 있는지 생각해 봐야 해요. 그래야 과학이 올바른 길을 가고 있는지 제대로 감시할 수 있으니까요.

O, X 퀴즈

과학자나 일반인이 가져야 할 윤리에 대해서 잘 알아보았나요?
아래의 문장을 보고 맞으면 O, 틀리면 X를 하세요.

❶ 과학은 너무 어려워. 하지만 과학자들은 다 똑똑하니까, 그 사람들 말대로 하면 될 거야.

❷ 연구 결과에 있어서 절대 실수가 있으면 안 돼. 이 결과로 개발된 약 때문에 누군가 다칠 수도 있으니까!

❸ 누군가 내 연구 결과를 써먹을 수도 있으니까, 연구 과정은 전부 비밀로 해 두어야겠어.

❹ 과학자들도 다 돈 때문에 연구하는 사람들이야. 믿으면 안 된다니까!

❺ 이번에 유전자 변환 연구를 크게 한다고 기사에 났던데, 좀 더 알아봐야겠다.

❻ 정부가 주도하는 로켓 개발이라니, 너무 좋은데! 무조건 찬성해야겠어.

정답: ❶X, ❷O, ❸X, ❹X, ❺O, ❻X

어려운 용어를 파헤치자!

감염 본래는 병을 일으키는 미생물이 동물이나 식물의 몸 안에 들어가는 것, 혹은 나쁜 생각이나 버릇을 들이게 되는 것을 감염이라고 해요. 컴퓨터를 고장나게 하거나 혼란스럽게 하는 것도 바이러스 감염이라고 하지요.

알레르기 특정 물질이 몸에 닿거나 들어갔을 때 사람에 따라 몸에 항체가 생길 수 있어요. 항체가 생기면 다시 같은 물질이 닿았을 때 몸에 특수한 반응이 일어나는데, 이를 알레르기라고 해요. 반응으로는 천식, 염증, 피부의 발진 등이 있고 심하면 목숨을 잃을 수도 있지요. 햇볕이나 꽃가루, 견과류 등 알레르기의 원인은 매우 다양해요.

유전자 생물체 하나하나의 형태나 성질을 나타내게 하는 인자예요. 염색체 안에 들어가 있으며 정자나 난자 같은 생식 세포를 통해 유전 정보를 전달해요. 우리의 생김새나 키, 지능 등의 형질은 부모님으로부터 받은 유전자의 영향이에요.

육종 생물이 가진 유전적인 성질을 이용해서 새로운 품종을 만들거나, 원래 있던 품종을 더 좋게 만드는 방법이에요. 종이 다른 것끼리 짝짓기를 하도록 하거나, 돌연변이를 의도적으로 만들어 내는 방법 등을 쓰지요.

해킹 다른 사람의 컴퓨터 시스템에 허락 없이 침입하여 프로그램 정보를 알아내거나 변경해 자기 입맛에 맞게 바꾸는 것을 뜻해요.

과학자 윤리 관련 사이트

과학기술 정보통신부 www.msit.go.kr
과학기술과 정보통신 기술의 발전을 통해 제4차 산업혁명을 선도하고자 설립된 중앙 행정 기관이에요. 주요 업무는 과학기술 정책의 수립·총괄·조정·평가, 과학기술의 연구 개발·협력·진흥·예산, 과학기술 인력 양성, 원자력 연구·개발·생산·이용, 국가 정보화 기획·정보 보호·정보 문화, 방송·통신의 융합·진흥 및 전파 관리, 정보통신 산업, 우편·우편환 및 우편 대체에 관한 사무 등이에요. 이곳에서 '과학자의 윤리'와 관련된 자료를 찾을 수 있는데, 〈지능 정보 사회 윤리 가이드라인 및 지능 정보 사회 윤리 헌장 소개〉와 〈연구 부정 방지 대토론회〉가 올라와 있어요.

네이버 열린연단 openlectures.naver.com
우리 사회 각계각층의 석학들과 현 시대의 사회 문화를 조망하고 우리에게 필요한 삶의 지표를 탐구하는 강연을 무료로 제공하고 있어요. 이 중 이덕환 교수의 〈과학 기술의 윤리-과학자의 윤리에서 첨단 기술의 윤리로〉가 과학자의 윤리와 사회적 책임을 이해하는 데 도움이 될 거예요.

신나는 토론을 위한 맞춤 가이드

과학자 윤리와 책임에 대한 이야기를 재미있게 읽었나요? 이제 과학자 윤리와 책임에 관한 한 박사가 다 되었다고요? 그 전에 마지막 단계인 토론을 잊지 마세요. 토론을 잘하려면 올바른 지식과 다양한 정보가 바탕이 되어야 해요. 책을 다 읽고 친구 또는 엄마와 함께 신나게 토론해 봐요!

잠깐! 토론과 토의는 뭐가 다르지?

토론과 토의는 모두 어떤 문제를 해결하기 위해 의견을 나누는 일입니다. 하지만 주제와 형식이 조금씩 달라요. 토의는 여러 사람의 다양한 의견을 한데 모아 협동하는 일이, 토론은 논리적인 근거로 상대방을 설득하는 일이 중요합니다. 토의는 누군가를 설득하거나 이겨야 하는 것이 아니기 때문에 서로 협력해서 생각의 폭을 넓히고 좋은 결정을 내릴 때 필요해요. 반면 토론은 한 문제를 놓고 찬성과 반대로 나뉘어 서로 대립하는 과정을 거치지요. 넓은 의미에서 토론은 토의까지 포함하는 경우가 많습니다. 토론과 토의 모두 논리적으로 생각 체계를 세우고, 사고력과 창의성을 높이는 데 도움을 준답니다.

토론의 올바른 자세

말하는 사람
1. 자신의 말이 잘 전달되도록 또박또박 말해요.
2. 바닥이나 책상을 보지 말고 앞을 보고 말해요.
3. 상대방이 자신의 주장과 달라도 존중해 주어요.
4. 주어진 시간에만 말을 해요.
5. 할 말을 미리 간단히 적어 두면 좋아요.

듣는 사람
1. 상대방에게 집중하면서 어떤 말을 하는지 열심히 들어요.
2. 비스듬히 앉지 말고 단정한 자세를 해요.
3. 상대방이 말하는 중간에 끼어들지 않아요.
4. 다른 사람과 떠들거나 딴짓을 하지 않아요.
5. 상대방의 말을 적으며 자기 생각과 비교해 봐요.

체계적으로 생각하기

가습기 살균제 사건, 이제 해결된 걸까요?

다음 기사는 '가습기 살균 필터'에 대한 새로운 논란에 대한 것입니다. 읽고 질문에 답해 보세요.

삼성전자와 LG전자 등 가전업체가 만드는 가습기 장착 살균 필터가 유해성 검증 없이 판매되고 있다는 지적이 제기됐다.

사회적 참사 특별조사위원회(사참위)는 6일 서울 중구 포스트타워에서 기자 회견을 열고 가습기 살균 필터도 정부가 관리해야 하는 가습기 살균제에 해당하므로 제조 업체에 피해 구제 분담금을 부과해야 할지 정부가 나서서 조사해야 한다고 밝혔다.

사참위가 이날 발표한 '기업의 피해 지원 적정성 조사' 중간 결과에 따르면 삼성전자와 LG전자, 코웨이, 쿠첸, 리홈, 오성사, 한일전기 등 가전업체가 만든 가습기 살균 필터는 현재 여러 유통 채널에서 판매되고 있다. 살균 필터가 달린 가습기는 삼성전자가 최소 76종을 2006년부터 2011년까지, LG전자가 최소 56종을 2003년부터 판매했다.

가습기 살균 필터는 2011년 12월부터 보건복지부 의약외품 범위 지정 고시에서 가습기 살균제로 인정됐다. 하지만 살균 필터 허가 또는 승인 실적은 전무해 현재 시중에 판매되는 제품은 모두 무승인 안전 확인 대상 생활 화학 제품이라고 사참위는 지적했다. 사참위는 "살균 필터 흡입 독성 실험과 성분 분석을 한 적이 없어 정부가 유해성이 없다고 판단할 근거가 없다."면서 "자칫 국민 건강에 중대한 영향을 줄 수 있는 매우 심각한 문제"라고 주장했다. 사참위는 유해성이 확인되지 않는 살균 필터를 제거하고 가습기를 사용할 것을 권장했다.

이에 대해 삼성전자와 LG전자는 살균 필터의 인체 흡입 독성 실험을 하지 않은 것은 살균제와는 전혀 다른 원리로 작동하고 성분도 다르기 때문이라고 해명했다. 업계 관계자는 "당시 보건 당국의 지침은 은 성분을 제거한 필터를 만들어 달라는 것이었고 이를 철저히 지켰다."면서 "확인된 피해 사례도 없는 것으로 안다."고 밝혔다.

서울신문 2020/10/07

1. 사회적 참사 특별조사위원회가 가습기 살균 필터의 유해성을 주장하는 이유는 무엇일까요?

2. 가전 업체가 가습기 살균제와 달리 살균 필터가 안전하다고 주장하는 이유는 무엇인가요?

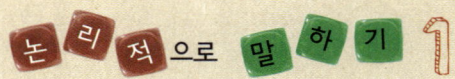

과학자가 과학을 연구하면서 가장 중요하게 생각해야 할 것은 무엇일까요?

아래의 글은 우리나라에서 일어났던 '황우석 박사 사건'을 바탕으로 한 영화를 보고 어린이 기자가 쓴 글이에요. 기사를 읽고 제시한 문제에 대해 대답해 보세요.

《제보자》는 2004년 '사이언스' 지에 게재한 논문에서 황우석 박사가 세계 최초로 인간 배아에서 줄기세포를 추출했다고 주장해서 국제적인 관심을 받으면서 국민 영웅으로 떠올랐는데 그것이 불법 난자 매매와 논문 조작이라는 사실이 밝혀지는 실화를 가지고 만들어진 영화예요.

《제보자》에서 방송국 PD역을 맡은 배우(박해일)랑 제보자 역을 맡은 배우(유연석)가 연기를 너무 잘해서 영화를 보는 내내 긴장감을 늦출 수 없었어요. 이장환 박사(황우석 박사의 이름 그대로 사용하지 않았어요)의 역을 맡은 배우(이경영)는 표정의 변화가 별로 없어서 마음에 들지 않았는데, 나중에 알고 보니 굉장히 연기를 잘하는 배우 중 한 분이래요. 아마도 맡은 역이 별로 좋은 역이 아니라서 제가 마음속으로 너무 미워했었나 봐요.

영화 초반에 제보자가 PD에게 "국익과 진실이 있으면 무엇을 더 중요시 하겠는가?"라는 질문을 던져요. PD는 "진실이 우선이지요..."라고 말을 하지요. 영화 내내 이 질문에 대한 답을 이끌어 가요. 박사의 논문 조작에 대해서 취재하는 TV 제작진에 대한 방송 중단 요구가 사회 전 방위적으로 터져 나오면서 '국익'이라는 사안에 힘이 실리게 되는 것을 볼 수 있어요. '국익' 앞에서 '진실'은 별로 중요하지 않은 것처럼 나와서 개인적으로 너무 안타까웠어요. 이 황우석 스캔들은 현대 과학계에서 가장 큰 윤리적 논란을 일으킨 사건 중 하나라고 해요.

(중략)

미래의 과학자를 꿈꾸는 과학도로서 저는 남의 시선을 의식하기보다는 내 자신이 떳떳해지고 '진실'을 밝히기 위해서만 '과학'이라는 도구를 사용해야 되겠다는 생각을 했어요. 그 어떠한 것도 '진실'과 바꿔서는 안 되겠지요. 어린이과학동아 친구들도 시간이 되면《제보자》를 보러 가 보면 정말 좋을 것 같아요. 정말 잘 만들어진 영화이고 많은 생각을 할 수 있는 영화 같아요.

어린이과학동아 2014/11/02

1. 영화에서 다루고 있는 과학자는 어떤 실수를 했나요?

2. 기사를 쓴 기자는 '국익'과 '진실' 중에 어떤 것을 우선해야 한다고 생각하고 있나요? 또 여러분의 생각은 어떤가요?

과학자와 기업이 이윤을 최우선으로 생각하고 손을 잡으면 어떻게 될까요?

최근 들어 과학기술 연구가 이윤을 취급하는 기업의 영향을 많이 받고 있어요. 기사를 읽고 아래에 제시한 문제에 대해 생각해 보세요.

언젠가부터 과학계에서 비즈니스 업계의 용어를 발견하는 건 흔한 일이 되었다. 연구 성과를 발표하는 자리에서, 지도 교수가 학생과 연구원에게 어떻게 연구를 판매할 것인지 판매 전략을 잘 짜야 한다고 말하는 건 일상이 됐다.

이제 연구는 자연을 발견하는 데에서 그치지 않고 연구의 의미와 파급 효과를 경제적으로 번역해서 연구비를 지원받는 데 사용하는 일종의 생산과 판매의 영역이 됐다. 기초 과학을 연구하는 과학자라도, 연구비 계획서에는 반드시 연구의 효용과 파급 효과를 기술해야 하며, 이런 과정은 과학 연구자들에게 아주 자연스러운 업무로 자리잡았다. 연구의 목적은 자연을 발견하는 것이 아니라 연구비를 지원하는 기관의 전략에 맞추어 발견을 정렬하는 작업으로 변했다.

20세기 말부터 이미 과학계에는 균열이 감지되기 시작했다. 20세기 중반 미국으로 옮겨간 과학계의 축은, 그곳에서 미국식 실용주의를 만나 연구 대학의 설립과 대학 연구의 상업화라는 목표를 이루게 된다. 대공황과 1970년대의 대공황을 거치며 연구의 지식 재산권인 특허가 대학으로 양도되면서, 대학의 상업화는 가속화되었다.

이런 변화를 이끈 건 미국 스탠퍼드 대학의 정책과 샌프란시스코의 생명 공학 회사 제넨테크(Genentech)의 설립이었다. 의생명 과학은 미국에서 대학과 기업 그리고 정부라는 삼각 동맹과 함께 급격히 상업화의 길에 들어섰다.

동아사이언스 2020/06/04

1. 과학계의 상업화란 어떤 일들을 뜻하나요?

2. 과학계가 상업화되면 어떤 점이 나쁠지 생각한 후 정리해서 말해 보세요.

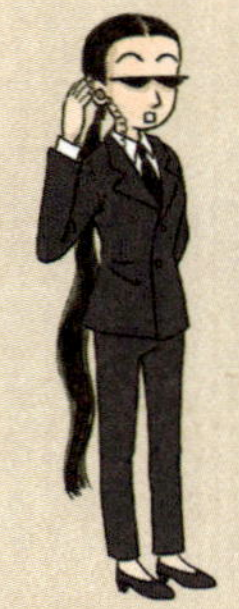

과학자 윤리와 책임에 관해 필요한 제도는?

최근 들어 과학자의 윤리와 관련된 여러 사건들이 많이 일어나고 있어요. 기업과 관련되어 연구 결과를 조작하거나, 실험 결과를 숨긴 채 논문을 발표하는 일들이 잦지요. 또 잘못된 연구로 아무런 상관없는 일반인들이 피해를 입는 경우도 많아요. 이런 일을 막기 위해 어떤 제도나 규칙이 필요할지 생각해 보고 자유롭게 써 보세요.

예시 답안

가습기 살균제 사건, 이제 해결된 걸까요?

1. 가습기 살균 필터는 2011년 12월부터 보건복지부 의약외품 범위 지정 고시에서 가습기 살균제로 인정됐다. 하지만 살균 필터 허가 또는 승인 실적은 전무해 현재 시중에 판매되는 제품은 모두 무승인 안전 확인 대상 생활 화학 제품이다. 사참위는 "살균 필터 흡입 독성 실험과 성분 분석을 한 적이 없어 정부가 유해성이 없다고 판단할 근거가 없다."면서 "자칫 국민 건강에 중대한 영향을 줄 수 있는 매우 심각한 문제"라고 주장하고 있다.
2. 가습기 살균 필터는 기존 살균제와는 전혀 다른 원리로 작동하고 성분도 다르기 때문이다. 또 당시 보건 당국의 지침에 따라 은 성분을 제거한 필터를 만들었다고 한다. 지금까지 확인된 피해 사례가 없다는 것도 안전하다는 근거가 되고 있다.

과학자가 과학을 연구하면서 가장 중요하게 생각해야 할 것은 무엇일까요?

1. 최초로 인간 배아에서 줄기 세포를 추출했다고 주장했으나, 결국은 불법 난자 매매와 논문 조작이라는 비윤리적인 행동을 했다는 사실이 밝혀졌다.
2. 기자는 자신이 떳떳하려면 '진실'을 밝히기 위해서만 과학이라는 도구를 사용해야 한다고 생각한다. 국익이라고 할지라도 '진실'과 바꿔서는 안 된다고 주장한다. 나도 원가의 이득을 위해 과학을 사용하기 시작하면 비윤리적인 일이 많이 생길 것 같아 '진실' 추구야말로 과학의 목표라고 생각하게 되었다.

과학자와 기업이 이윤을 최우선으로 생각하고 손을 잡으면 어떻게 될까요?

1. 연구의 목적이 자연을 발견하는 것이 아니라 연구비를 주는 기관의 전략에 맞추는 것을 목적으로 할 때 과학이 상업화되었다고 한다. 즉 연구를 판매하는 물건처럼 생각하고, 살 사람의 입맛에 맞게 연구 방향을 정하는 것을 뜻한다.
2. 잘 팔리지 않는 물건은 잘 안 만드는 것처럼, 꼭 필요하지만 돈이 되지 않는 연구는 하지 않게 될 것이다. 기업의 입맛에 맞게 연구 결과가 조작될 수도 있고, 연구비 지원을 받기 위해 윤리적이지 않은 연구도 하게 될 것이다.

뭉치 수학왕 전 40권

"수학이 쉬워지고, 명작보다 재미있는"

"인공지능(AI) 시대의 힘은 수학에서 나온다!"

정가 480,000원

개념 수학 〈1단계〉① 양치기 소년은 연산을 못한대(수와 연산) ② 견우와 직녀가 분수 때문에 싸웠대(수와 연산) ③ 헨젤과 그레텔은 도형이 너무 어려워(도형) ④ 쉿! 신데렐라는 시계를 못 본대(측정) ⑤ 알쏭달쏭 알라딘은 단위가 헷갈려(측정) ⑥ 떡장수 할머니와 호랑이는 구구단을 몰라(규칙성) ⑦ 아기 염소는 경우의 수로 늑대를 이겼어(자료와 가능성) ⑧ 개념 수학 1단계-백점맞는 수학 문장제 〈2단계〉⑨ 가우스, 동화 나라의 사라진 0을 찾아라(수와 연산) ⑩ 가우스는 소수 대결로 마녀들을 물리쳤어(수와 연산) ⑪ 앨런, 분수와 소수로 악당 히들러를 쫓아내라(수와 연산) ⑫ 오일러와 피노키오는 도형춤 대회 1등을 했어(도형) ⑬ 오일러, 오즈의 입체도형 마법사를 찾아라(도형) ⑭ 유클리드, 플라톤의 진리를 찾아 도형 왕국을 구하라(도형) ⑮ 아르키는 어림하기로 걸리버 아저씨를 구했어(측정) ⑯ 페르마, 수리수리 규칙을 찾아라(규칙성) ⑰ 피보나치, 수를 배열해 비밀의 방을 탈출하라(규칙성) ⑱ 파스칼은 통계 정리로 나쁜 왕을 혼내줬어(자료와 가능성) ⑲ 개념 수학 2단계-백점맞는 수학 문장제 〈3단계〉⑳ 약수와 배수로 유령 선장을 이긴 15소년(수와 연산) ㉑ 입체도형으로 수학왕이 된 앨리스(도형) ㉒ 원주율로 떠나는 오디세우스의 수학 모험(측정) ㉓ 비례배분으로 보물섬을 발견한 해적 실버(규칙성) ㉔ 로미오와 줄리엣이 첫눈에 반할 확률은?(자료와 가능성) ㉕ 개념 수학 3단계-백점맞는 수학 문장제

융합 수학 ㉖ 쌍둥이 건물 속 대칭축을 찾아라(건축) ㉗ 열차와 배에서 배수와 약수를 찾아라(교통) ㉘ 스포츠 속 황금 각도를 찾아라(스포츠) ㉙ 옷과 음식에도 단위의 비밀이 있다고?(음식과 패션) ㉚ 꽃잎의 개수에 담긴 수열의 비밀(자연)

창의 수학 ㉛ 퍼즐탐정 셜링홈즈1-외계인 스콜피오스의 음모 ㉜ 퍼즐탐정 셜링홈즈2-315일간의 우주여행 ㉝ 퍼즐탐정 셜링홈즈3-뒤죽박죽 백설공주 구출 작전 ㉞ 퍼즐탐정 셜링홈즈4-'지지리 마란드리'의 방학숙제 대작전 ㉟ 퍼즐탐정 셜링홈즈5-수학자 '더하기 모네'와 한판 승부 ㊱ 퍼즐탐정 셜링홈즈6-설국연차 기관사 '얼어도 달리능기라' ㊲ 퍼즐탐정 셜링홈즈7-해설 및 정답

개념 사전 ㊳ 수학 개념 사전 1(수와 연산) ㊴ 수학 개념 사전 2(도형) ㊵ 수학개념사전 3(측정/규칙성/자료와 가능성)